6마당 마음과 지혜

Mind and Wisdom

소그룹 성경통독 _ 6마당 마음과 지혜

초판 1쇄 발행 2007년 7월 20일
3쇄 발행 2019년 6월 5일

지은이 · 조병호
펴낸곳 · 도서출판 **통독원**
주 소 · 서울시 강남구 선릉로 806
전 화 · 02)525-7794
팩 스 · 02)587-7794
홈페이지 · www.tongbooks.com
등 록 · 제22-2766호(2005.6.27)

ISBN 978-89-92247-15-3 04230
ISBN 978-89-92247-00-9 (전 20권)

책값은 뒤표지에 있습니다.
파본은 바꾸어 드립니다.

소그룹 성경통독 6마당

마음과 지혜

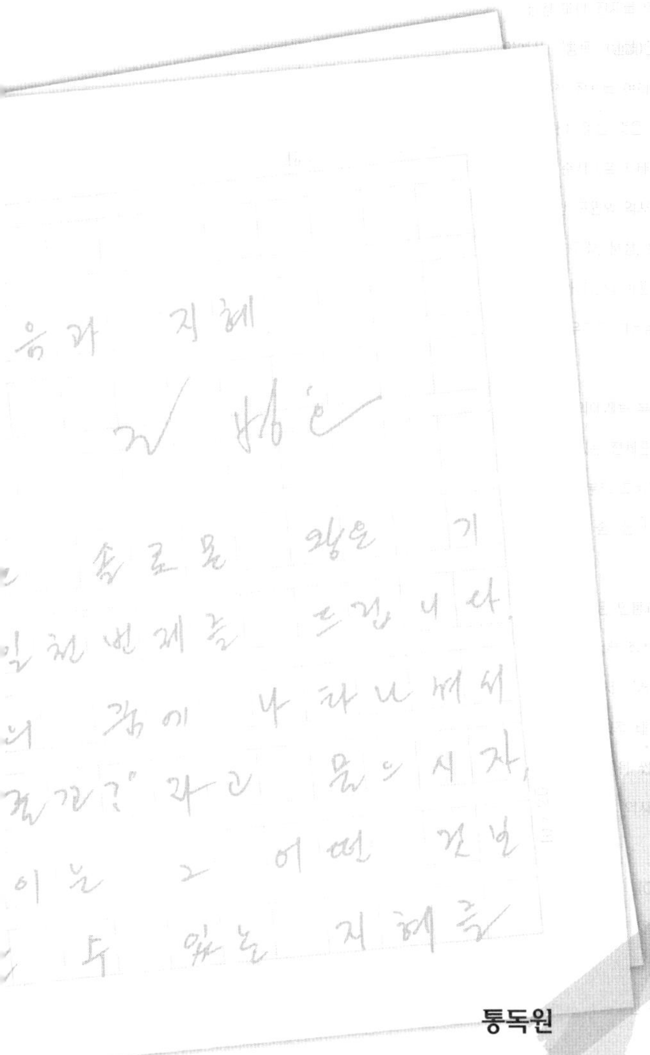

조병호

통독원

《소그룹 성경통독》을 펴내며

《소그룹 성경통독》 시리즈는 성경과 더욱 가까워지길 원하는 사람들을 위한 책입니다. 이 시리즈는 성경 66권 전체를 다루고 있으며, 시간 흐름에 따라 성경을 역사적 순서대로 재배열하여 체계적인 성경공부가 가능하도록 구성되어 있습니다.

이 책을 통해 세계를 경영하시는 하나님의 놀라운 섭리를 깨닫게 될 것이며, 그분의 말씀에 순종함으로써 삶의 현장 속에서 훌륭하게 쓰임 받았던 하나님의 사람들을 전인격적으로 만나게 될 것입니다.

여러분과 소그룹 구성원들이 이 책을 통해 성경을 통독하는 놀라운 기쁨을 새롭게 체험하길 바랍니다. 각 개인에게는 신앙의 견고성이 더해지고, 성도 간에는 깊은 교제가 이루어질 수 있도록, 본서는 구체적이고 실질적인 도움을 제공할 것입니다. 말씀을 사모하는 여러분에게 하나님께서 충만한 은혜와 지혜를 부어주시기 바랍니다.

목 차

이 책의 구성

《소그룹 성경통독》 시리즈의 전체 구성은 다음과 같습니다.
- 20개의 〈마당〉 : 성경 전체를 역사 순서대로 재배열하여 20개 마당으로 묶음.
- 66개의 〈숲이야기〉 : 한 마당은 2~4개의 〈숲이야기〉로 구성됨.
- 240개의 〈나무〉 : 소그룹 성경통독을 할 때, 1회의 분량으로 적절한 단위.

1. 소그룹 성경통독의 진행 순서

찬양과 기도 그날 통독본문의 주제와 어울리는 찬양을 함께 부른 후, 성경을 통독하는 가운데 하나님의 마음과 뜻을 깨달아 알 수 있는 지혜를 달라고 기도드립니다.

마음열기 〈나무〉의 내용 중에서 생각해 보아야 할 중요 주제에 대해, 먼저 일상적인 삶 속에서 꺼내어 볼 수 있는 이야기로 생각과 마음을 편하게 나눕니다.

함께읽기 전체 통독본문은 각자가 미리 읽어오는 것이 좋습니다. 그리고 소그룹 모임에서는 '함께 읽으면 좋은 성경 한 장'을 다같이 통독합니다. 합독이나 교독 등, 모든 참석자가 소리를 내어 함께 읽는 것이 좋습니다.

친해지기 그날 모여서 함께 읽은 성경 내용 중에서 쉽게 답을 찾아보고 상상해볼 수 있는 질문입니다. 성경과 친해지는 계기로 삼아보십시오.

말씀의 숲길로 부분이 아닌 전체로, 통전적 관점에서 성경을 보는 안목을 제시합니다. 글의 문맥을 따라가며, 하나님께서 역사하신 '그때 거기서'의 현장 속으로 들어가보십시오.

성경의 빈칸 채워 넣기 각 〈나무〉의 내용 중에서 중요 성경구절을 선별하여, 그 중 2-3개의 단어나 어절에 빈칸을 만들어 두었습니다. 전체 흐름상 그 빈칸에 들어갈 적절한 말이 무엇일지 스스로 생각해 답을 적어 본 후, 정답을 확인해 보십시오. 소그룹 모임의 경우, 각자의 답과 왜 그렇게 생각했는지를 이야기하고, 함께 답을 찾아 읽어보는 것도 좋습니다.

보석찾기 본문 내용 전체를 살핀 뒤, 해당 〈나무〉에서 중요하게 다룬 성경의 내용을 확인해 둡니다.

마음나누기 해당 〈나무〉의 내용을 기초로 말씀을 삶 속에 적용해 보고, 실천의 방향을 함께 나누는 것입니다. 혼자의 경우는 생각해 적어보고, 소그룹 모임의 경우, 각자 적은 내용을 서로 나누도록 합니다.

기도 그날의 성경통독 모임을 통해 깨닫고 느낀 하나님의 마음, 그리고 그 말씀의 기반 위에서 함께 실천하기로 다짐해야 할 사항들을 생각하며 간절히 기도합니다.

2. 일곱 가지 팁

이 책에 실린 팁들은 일곱 가지 종류로 분류되어 있으며, 본문을 읽어가는 중에 참고하시면 성경에 대한 지식과 깊이 있는 이해를 더하는 데에 도움이 됩니다.

하나님의 계획 인간의 짧은 생각으로는 이해할 수 없는 하나님의 깊은 마음과 큰 계획을 소개합니다.

하나님의 사람들 영성과 사회성을 갖춘 하나님의 사람들과 그들이 만들어가는 믿음의 역사를 조명합니다.

리더십 하나님의 사람들이 보여주는 삶의 모범과 리더십의 면모들을 살펴봅니다.

메시지 성경의 사건과 인물들의 삶의 내용을 통해 말씀이 우리의 구체적 삶에 던지는 감동과 깨달음을 새겨봅니다.

지혜창고 성경은 한없는 지식과 지혜의 창고입니다. 성경을 통독해 갈 때에 도움이 될 만한 사항들과 지혜의 실마리들을 정리하여 실었습니다.

알아두기 성경을 통독해 갈 때에 알아두면 좋은 지식이나 정보 등을 담았습니다.

αΩ 원어해설 성경을 이해하는 데 핵심이 되는 단어들의 히브리어와 헬라어 원어의 뜻을 살펴봄으로써 더 깊은 성경 이해로 나아가도록 돕습니다.

6마당 둘러보기

태어나보니 뭐든 좋은 것을 다 가질 수 있는 큰 나라의 왕자였습니다. 게다가 아버지 다윗이 물려준 풍요로운 나라 기반 외에도 그는 하나님께서 기도의 응답으로 주신 놀라운 지혜를 가지고 있었습니다. 세상의 많은 사람들이 그의 탁월한 지혜 앞에 혀를 내두르며 고개를 숙였습니다. 그런데 솔로몬은 자신의 인생 말년에 이렇게 고백합니다. "헛되고 헛되며 헛되고 헛되니 모든 것이 헛되도다." 솔로몬이라는 한 인생의 톱니바퀴를 따라가다 보면, 행복한 인생에 대한 중요한 기준을 깨닫게 될 것입니다. 잠언, 아가, 전도서, 욥기 등의 지혜서들을 통해 하나님께서 가르쳐주시고, 솔로몬이 몸으로 전해주는 인생의 참 지혜를 찾아가봅시다.

숲이야기 1

열방을 향한 성전

열왕기상 3-10장, 역대하 1-9장, 시편 72, 127편

나무 91

지혜로운 마음을 구하는 솔로몬

왕상 3-4장, 대하 1장, 시 72편

찬양

찬송가 – 498장 · 은혜 구한 내게 은혜의 주님
찬 양 – 주께 가오니 날 새롭게 하시고

기도

이 시간, 말씀을 통독하는 가운데 하나님의 마음과 뜻을 깨달아 알 수 있도록 지혜를 주옵소서.

마음열기

당신의 인생길에서 다른 그 무엇보다도 '지혜'가 필요하다고 생각했던 경우는 언제였습니까?

함께읽기

함께 열왕기상 3장을 읽어봅시다.

친해지기

솔로몬은 기브온에서 일천번제를 드린 후 하나님께 지혜로운 마음을 구했습니다. 그때 하나님께서는 솔로몬에게 지혜 외에 무엇을 더하여 주셨습니까?

말씀의 숲길로

다윗의 뒤를 이은 솔로몬 왕은 기브온에서 하나님께 일천 번제를 드립니다. 하나님께서 솔로몬의 꿈에 나타나셔서 "내가 네게 무엇을 줄꼬?"라고 물으시자, 솔로몬은 눈에 보이는 그 어떤 것보다는 백성을 판결할 수 있는 지혜를 구합니다.

"나의 하나님 여호와여 주께서 종으로 종의 아버지 다윗을 대신하여 왕이 되게 하셨사오나 종은 작은 아이라 출입할 줄을 알지 못하고 주께서 택하신 백성 가운데 있나이다 그들은 큰 백성이라 수효가 많아서 셀 수도 없고 기록할 수도 없사오니 누가 주의 이 많은 백성을 재판할 수 있사오리이까 듣는 마음을 종에게 주사 주의 백성을 재판하여 선악을 분별하게 하옵소서" 왕상 3:7-9

메시지

지혜의 찬양(시 72편) / 시편 72편은 솔로몬의 찬양이다. 솔로몬은 이 시편에서 하나님으로부터 오는 지혜를 구하고 있다. 우리는 열왕기상 초반부와 시편 72편을 통해 중요한 사실 한 가지를 깨닫는다. 그것은 솔로몬 시대의 풍요로움이 어느 누군가의 천재적 재능에 의한 것이 아니라, 하나님께서 솔로몬에게 주셨던 지혜로 말미암았다는 사실이다.

아버지 다윗처럼 이스라엘 백성을 "주의 백성"이라고 여기며, 아버지의 유언왕상 2장에 따라 하나님의 나라와 의를 위해 고민하는 솔로몬을 보시고 하나님은 무척 흡족해 하십니다. 하나님은 솔로몬에게 그가 구한 지혜에 더하여 부와 영광도 주시겠다고 약속하십니다.

"내가 네 말대로 하여 네게 지혜롭고 총명한 (　　　　)을 주노니 네 앞에도 너와 같은 자가 없었거니와 네 뒤에도 너와 같은 자가 일어남이 없으리라 내가 또 네가 구하지 아니한 (   )와 영광도 네게 주노니 네 평생에 (   )들 중에 너와 같은 자가 없을 것이라" 왕상 3:12-13

하루는 두 여인이 한 아기를 놓고 서로 자기가 진짜 어머니라고 싸우는 분쟁이 발생하는데 솔로몬이 이 사건을 지혜롭게 해결합니다. "산 아이를 둘로 나누어 반은 이 여자에게 주고 반은 저 여자에게 주라"라는 판결을 듣고, "산 아이를 그에게 주시고 아무쪼록 죽이지 마옵소서"라고 간청하는 이가 진짜 어머니임을 가려낸 것입니다. 다윗이 '골리앗'이라는 국가 난제를 해결하면서 백성들의 마음을 얻었다면 삼상 17장 솔로몬은 이 사건을 통해 백성들의 큰 신임을 얻게 됩니다. 왕상 3:28 아버지 다윗은 강한 군사력으로, 아들 솔로몬은 번뜩이는 지혜로 이스라엘을 하나님의 나라로 세워갔습니다.

▶ 리더십

풍요와 번영의 핵심

풍요와 빈영의 핵심은 다윗이 행했던 하나님의 공의와 정의, 그리고 옳고 그른 것을 구별하는 솔로몬의 지혜에 있었다는 것을 기억하자.

열왕기상 4장은 이스라엘이 역사상 가장 번영했던 시기를 묘사하고 있습니다. 유다와 이스라엘의 인구는 바닷가의 모래알처럼 많아지고, 솔로몬의 통치 범위는 이스라엘을 넘어 그 주변 지역 전역에 이르렀습니다. 솔로몬과 그를 돕는 많은 관료들에 의해 시대가 이렇게 꽃을 피운 것은, 물론 솔로몬이 지혜롭게 나라를 잘 다스린 이유도 있었지만, 보다 근원적 요인은 하나님의 신실하심에 있다고 보아야 합니다. 또한 그의 아버지 다윗이 이루어 놓은 기반 위에 다윗의 신앙이 계승된 결과였습니다. 이제 솔로몬과 이스라엘 백성들이 하나님께서 주신 풍요로움으로 무엇을 행할 것인가가 하나님의 관심사입니다.

αΩ 원어해설

호크마 חָכְמָה

: 지혜 (왕상 4:29) / '호크마'는 단순한 지식이 아니라 사물의 옳고 그름을 분별하는 근원적인 능력을 의미한다. 모든 지혜의 근원은 거룩하시고 의로우시며 공명정대하신 하나님이시다. 진정한 의미에서 하나님만이 지혜를 알고 계시며, 하나님의 지혜는 인간의 사고로 발견되지 않는다. 하나님만이 인간으로 하여금 최상의 도덕적, 윤리적 삶을 살 수 있도록 하는 지혜를 제공해 주실 수 있다(잠 2:6).

보석찾기 ○ ● ●

열왕기상 3장 후반부에 나오는 솔로몬의 재판사건에서 솔로몬이 중심으로 보았던 것은 무엇이라고 생각하며 그 근거는 무엇인지 찾아 적어봅시다.

마음나누기 ○ ● ●

하나님께서 당신이 구하는 것 한 가지를 선물로 주신다고 할 때, 꼭 구하고 싶은 것이 있다면 무엇입니까?

기도 ○ ● ●

지혜의 근원이신 하나님, 순종하는 자에게 한없는 복을 베풀어주시는 하나님을 찬송합니다. 날마다 우리에게 올바른 판단력과 선을 행할 능력을 주셔서 주님이 기뻐하시는 일들을 찾아 행할 수 있도록 도와주옵소서.

나무 92

성전건축

왕상 5-8장, 대하 2장-7:10, 시 127편

찬양 **찬송가 –** 53장 · 하늘에 가득 찬 영광의 하나님
찬　양 – 거룩한 성전에 거하시며

기도 이 시간, 말씀을 통독하는 가운데 하나님의 마음과 뜻을 깨달아 알 수 있도록 지혜를 주옵소서.

마음열기 모세의 꿈을 여호수아가 이이받았듯이, 다윗의 성전 건축의 꿈을 솔로몬이 이어 받아 실행합니다. 이와 같이 당신에게 계승되어진 꿈이나, 당신이 계승하고픈 꿈이 있습니까?

함께읽기 함께 열왕기상 8장을 읽어봅시다.

친해지기 솔로몬 성전이 완공되었습니다. 이로써 이스라엘은 회막 시대에서 성전 시대로 나아가게 되었습니다. 솔로몬이 성전 낙성식에서 기도한 내용의 핵심은 무엇입니까?

말씀의 숲길로 ○●●

솔로몬은 부친 다윗으로부터 물려받은 정치적, 물질적 유산의 기반 위에서 국가의 안정을 이루자, 드디어 성전건축에 착수합니다. 이제까지의 회막 시대를 종결하고 성전 시대를 여는 것, 이것은 이스라엘의 역사 속에서 매우 중요한 사건이었습니다.

다윗이 오랜 시간 준비해둔 기반 위에서 솔로몬은 7년 동안의 건축공사에 착수합니다. 십팔만 삼천삼백 명[왕상 5:13-16]의 인원을 동원하여 국제적인 규모의 성전건축을 시작합니다. 회막이 이스라엘과 함께하시려는 하나님의 의지의 소산이었다면, 성전은 이스라엘을 떠나지 않겠다는 하나님의 의지의 재확인입니다. "붙박이 창문을 내고", "연접하여 돌아가며", "꽃을 아로새겼고", "정금으로 입혔고" 등의 구절들이 실제화되는 광경을 보노라면,[왕상 6장] 그 옛날 브살렐과 오홀리압의 지시를 따라 하나님의 법궤를 만들었던 이스라엘의 모습이 연상됩니다.[출 35-38장]

지혜창고

건축준비 (왕상 5장, 대하 2장) / 부친 다윗이 하나님께 서원하였던 성전건축을 위해 솔로몬이 여러 가지 준비하는 모습은 조상들이 광야에서 여호와 하나님의 회막을 세우기 위해 준비하던 모습(출 35장)을 연상케 한다. 솔로몬은 다윗이 준비해 놓은 것을 기반으로 성전건축에 착수하는데 다윗의 뜻을 좇아 두로 왕의 도움을 얻어 성전건축에 필요한 백향목과 잣나무와 백단목을 확보하는 마지막 준비를 마친다. 드디어 성전 시대를 향한 첫걸음을 내딛고 있는 것이다.

성전이 건축되기까지 오랜 기간 많은 이들의 헌신이 있었습니다. 예루살렘 성에 살고 있던 여부스 족속을 몰아내고 그곳을 이스라엘의 수도로 삼았던 다윗과 그의 동역자들, 그리고 당대에 성전을 건축하는 솔로몬과 그 시대 사람들입니다. 다윗의 정성스런 준비, 솔로몬의 성실한 실행, 그리고 백성들의 수고! 이 세 가지를 기억해두어야 하겠습니다.

☑ 알아두기

〈솔로몬 성전〉

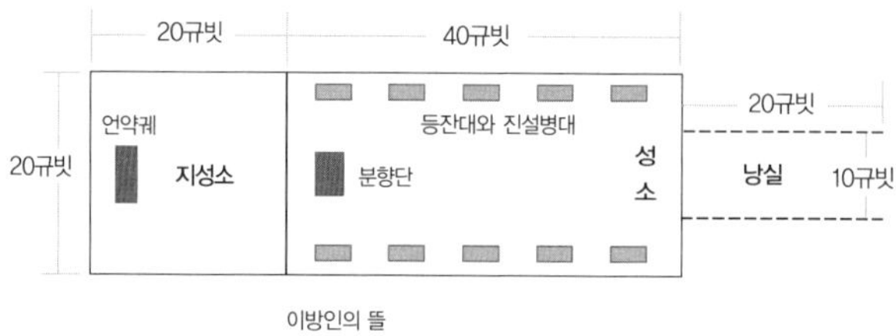

- 성전건축시작 : 출애굽 480년, 솔로몬 왕 4년 시브월(2월)
- 성전건축기간 : 7년 / – 성전완공 : 솔로몬 왕 11년 불월(8월)
- 성전외곽의 장 60 : 광 20 : 고 30 (규빗) / 지성소의 장 20 : 광 20 : 고 20 (규빗)

드디어 7년의 긴 공사 끝에 하나님의 성전이 완성됩니다. 왕상 6:37-38 이 성전이 세워짐으로 말미암아 시온 성, 곧 예루살렘 성은 정치적 수도일 뿐 아니라, 종교적인 성지(聖地)로서 온 백성의 중심이 됩니다. 이 성전 중심 사상은 이후 바벨론 포로 시대에도 지속되어 예루살렘은 영구히 이스라엘 민족의 고향으로 남게 됩니다.

성전건축은 다윗의 꿈이기도 하였습니다. 다윗이 그 꿈을 꾸었고 솔로몬이 그 뜻을 계승한 것입니다. 한마디로 시대를 꽃피우게 한 아버지와 아들입니다. 다윗도 온 열방에 하나님의 위대하심을 알리려는 꿈을 품었습니다. 다윗이 사울 왕을 피해 동굴에 있을 때 읊조린 시편을 기억하실 것입니다.

"주여 내가 만민 중에서 주께 감사하오며 뭇 나라 중에서 주를 찬송하리이다 무릇 주의 인자는 커서 하늘에 미치고 주의 진리는 궁창에 이르나이다 하나님이여 주는 하늘 위에 높이 들리시며 주의 영광이 온 세계 위에 높아지기를 원하나이다" 시 57:9-11

이제 그의 유언대로 솔로몬이 열방을 향한 성전을 지은 것입니다.

완성된 성전 안에 제사장들이 언약궤를 메어다 안치하고 나오는데, 그들이 나올 때에 구름이 성전에 가득하게 됩니다. 하나님의 영광이 그곳에 가득했던 것입니다. 모든 백성을 대표하여 솔로몬이 하나님께 기도합니다. 하나님을 온 이스라엘의 주로 고백하고 주의 율례와 법도를 지킬 것을 선언합니다. 이는 하나님께서 그의 조상 때부터 주신 약속, 가깝게는 그의 아버지 다윗에게 주셨던 약속에 대한 전국민적 응답이라 할 수 있습니다.

성전 낙성식을 행하며 솔로몬이 백성들 앞에서 하늘을 향하여 손을 펴고 드리는 기도 가운데 성전을 통한 꿈의 내용이 잘 나타나 있습니다.[왕상 8:22-53; 대하 6:12-42]

> "또 주의 백성 이스라엘에 속하지 아니한 자 곧 주의 이름을 위하여 먼 지방에서 온 (   )이라도 그들이 주의 크신 이름과 주의 능한 손과 주의 펴신 팔의 소문을 듣고 와서 이 성전을 향하여 (   )하거든 주는 계신 곳 하늘에서 들으시고 이방인이 주께 부르짖는 대로 이루사 땅의 만민이 주의 이름을 알고 주의 백성 이스라엘처럼 경외하게 하시오며 또 내가 건축한 이 성전을 주의 (   )으로 일컫는 줄을 알게 하옵소서"[왕상 8:41-43]

이 기도의 핵심은 성전을 통해 열방이 하나님께 돌아오기를 원한다는 것입니다. 한마디로 세계 열방을 위한 기도입니다.

지혜창고

성전이 건축된 장소 / 하나님께서는 아브라함에게 모리아 산에서 이삭을 제물로 바치라고 하셨다(창 22:2). 또한 그곳은 다윗 왕이 아라우나에게 돈을 주고 타작마당을 사서 제단을 쌓고 하나님을 경배한 장소이다. 그곳에서 다윗의 아들 솔로몬이 성전을 건축하였다.

αΩ 원어해설

카할 קָהָל

: 회중 (왕상 8:55) / '카할'은 종교적인 목적으로 모인 이스라엘 전 국민을 가리키는 말이다. '집회'를 의미하기도 한다. '카할'은 70인역에서 '교회'를 뜻하는 말 '에클레시아'로 번역되었다. '카할'과 '에클레시아'는 언약과 함께 하나님의 약속을 가진 자들을 가리키는 용어이다.

✓ 알아두기

성경에 기록된 성전

- 솔로몬 성전 : BC 587년에 바벨론에 의해 파괴되었다(왕하 25:8, 9).
- 스룹바벨 성전 : 이 성전은 웅장함이나 우아함에 있어서 솔로몬 성전을 따를 수 없었다(스 5:2; 6:15-18).
- 헤롯 성전 : BC 20년에 광대한 대지 위에 세워지기 시작하여 AD 64년에 준공되었다. 이 성전은 AD 70년에 티투스에 의해 파괴되었고, 지금은 바위의 돔이 그 자리를 차지하고 있다.

식양에 따라 정성을 들여 준공한 성전, 그것의 눈에 보이는 형식과 틀도 중요하지만, 그것을 통해 삶 가운데 채워질 내용이 더 중요하다는 것입니다. 온 세계 열방이 하나님의 뜻을 알아가는 데에 이 성전이 쓰일 것이며, 이스라엘 백성들은 그 일을 책임과 사명으로 인식하겠다는 것입니다. 이 성전은 단지 이스라엘 백성들만을 위한 종교적 건물이 아니었습니다.

이스라엘은 모범모델입니다. '거룩한 백성과 제사장 나라'로서의 사명과 특권을 함께 가지고서 열방의 모범이 되어야 합니다. 하나님을 잘 섬기는 자가 얼마나 영화롭게 복을 받는가를 열방에 보여주는 표본이자 복의 통로인 것입니다. 바로 이 사명을 솔로몬과 이스라엘 백성들이 받아들이고 있는 감격의 장면입니다.

지혜창고

기쁨 (왕상 8장, 대하 5장) / 다윗은 하나님의 궤를 예루살렘에 옮겨 놓고 춤을 추며 기뻐했다. 지금 솔로몬과 이스라엘 백성의 기쁨이 어찌 그날만하지 못할까?

성전건축 후 거행되는 이 낙성식에는 수많은 사람들이 모였습니다.[왕상 8:63-65] 제물로 바쳐진 짐승의 수가 총 십사만 마리를 넘을 정도이니, 모인 사람들의 수가 어느 정도였으며, 규모는 얼마나 컸을지 가히 짐작이 갑니다. 이 낙성식은 구약 성경에 나타난 최초의 성전봉헌식입니다. 불과 1백여 년 전의 사사 시대를 기억하면서 이 장면을 본다면 참으로 감격스럽지 않을 수 없습니다.

보석찾기 ○ ● ●

성경 속에서 모세의 꿈이 여호수아로,민 27:15-23; 신 31:7-8 바울의 꿈이 디모데로딤후 4장 이어지는 장면들을 찾아 적어봅시다.

마음나누기 ○ ● ●

아브라함, 모세, 다윗, 바울의 꿈도 모두 열방을 향한 꿈이었습니다. 그리스도인들이 온 민족과 나라를 가슴에 품어야 하는 이유는 무엇이라고 생각하십니까?

기도 ○ ● ●

참 성전이신 주님, 저희의 몸과 마음을 하나님을 기쁘시게 하는 거룩한 성전으로 내어드리는 성숙한 신앙인이 되길 원합니다. 하나님이 거하시는 성전인 우리의 몸과 우리의 재능을 하나님의 의의 도구로 사용할 수 있도록 인도하여 주옵소서.

나무 93

솔로몬의 모든 영화

왕상 9-10장, 대하 7:11-9장

찬양

찬송가 – 20장 · 다 감사드리세
찬 양 – 영광 가장 높은 곳에 영광

기도

이 시간, 말씀을 통독하는 가운데 하나님의 마음과 뜻을 깨달아 알 수 있도록 지혜를 주옵소서.

마음열기

솔로몬의 영화는 하나님께서 허락하신 것입니다. 당신이 하나님께 허락받은 날들 중 최고로 영광스러웠던 날은 언제였습니까?

함께읽기

함께 열왕기상 9장을 읽어봅시다.

친해지기

솔로몬의 부귀영화는 주변 나라 사람들에게 널리 알려졌습니다. 솔로몬 시대가 이처럼 풍요로울 수 있었던 원인은 무엇입니까?

말씀의 숲길로

솔로몬이 성전과 왕궁을 건축하고 나라의 기반을 다져갈 때, 하나님께서 또다시 솔로몬을 찾아오셔서 그에게 약속을 주십니다. 솔로몬이 성전을 중심으로 하나님 앞에서 의롭게 행한다면 그의 왕위를 영원히 견고히 해주시겠다는 약속입니다. 이스라엘과 좋은 관계를 이어가고 싶은 하나님의 마음이 담긴 약속이었습니다.

✓ 알아두기

성전건축과 왕궁건축 / 7년간의 성전건축이 끝나고, 이어지는 13년 동안 솔로몬은 자신의 왕궁을 건축한다(왕상 7:1). 솔로몬은 통치 40년 중, 초기 20년은 예루살렘의 성전과 왕궁을 건축하는 데 집중했던 것이다.

"여호와께서 그에게 이르시되 네 기도와 네가 내 앞에서 간구한 바를 내가 들었은즉 나는 네가 건축한 이 성전을 거룩하게 구별하여 내 이름을 영원히 그 곳에 두며 내 눈길과 내 마음이 항상 거기에 있으리니 네가 만일 네 아버지 다윗이 행함 같이 마음을 온전히 하고 바르게 하여 내 앞에서 행하며 내가 네게 명령한 대로 온갖 일에 순종하여 내 법도와 율례를 지키면 내가 네 아버지 다윗에게 말하기를 이스라엘의 왕위에 오를 사람이 네게서 끊어지지 아니하리라 한 대로 네 이스라엘의 왕위를 영원히 견고하게 하려니와" 왕상 9:3-5

솔로몬이 다스리던 시절은 주변 나라들이 부러워할 만큼 풍요로운 시대였습니다. 이스라엘이 하나님 중심의 국가가 되기 위한 기반으로서의 성전이 건축되었고, 열방을 섬길 수 있는 풍성함이 이스라엘에게 주어졌습니다. 국모로서 남부러울 것 없이 살던 스바의 여왕도 감탄사를 연발할 만큼 왕상 10:4-10 솔로몬이 다스리는 이스라엘은 화려하고 풍요로운 나

지혜창고

화려한 예루살렘 / 화려한 예루살렘, 그리고 모든 건축 과정을 기쁘게 바라보셨던 하나님과 백성들의 정성을 기억해두자. 그러면 훗날 예루살렘이 바벨론 제국에 의해 점령당할 때, 성전과 왕궁의 건물들이 모조리 불타서 황폐화되는 것을 바라보시는 하나님의 안타까운 마음을 조금이라도 느껴볼 수 있을 것이다.

라였습니다.

> "솔로몬 왕의 재산과 지혜가 세상의 그 어느 왕보다 큰지라 온 세상 사람들이 다 하나님께서 솔로몬의 마음에 주신 (　　　　　)를 들으며 그의 얼굴을 보기 원하여 그들이 각기 (　　　　　)을 가지고 왔으니 곧 은 그릇과 금 그릇과 의복과 갑옷과 향품과 말과 노새라 해마다 그리하였더라 … 왕이 예루살렘에서 은을 (　　　　) 같이 흔하게 하고 백향목을 평지의 뽕나무 같이 많게 하였더라" 왕상 10:23-27

그러나 그들이 받은 복은 비단 제물의 풍족함만이 아니었습니다. 지금까지 하나님의 도우심이 한 번도 그들을 떠난 적이 없었습니다. 하나님께서는 애굽에서 종노릇 하던 이스라엘을 건져내시어 지금까지 인도하시고 지켜 주셨습니다. 그들의 노력으로 인한 것이 아니요, 하나님의 풍성한 은혜였습니다.

또한 솔로몬 시대에 이렇게 큰 풍요를 이룰 수 있었던 것은 그의 아버지 다윗의 노력이 기반이 되었기 때문입니다. 즉 시대를 넘어 많은 사람들의 땀과 눈물로 이룩된 영화와 풍요인 것입니다. 이제 그 모든 조건을 중심으로 하나님 나라의 율례와 규례와 법도를 열방에 선교해야 할 책임이 솔로몬과 이스라엘에게 주어져 있습니다.

보석찾기 ○●●

솔로몬의 영화에 대한 스바 여왕의 평가[왕상 10:6-9]와 예수님의 평가[마 6:28-29]를 각각 찾아 적어보고 비교해 봅시다.

마음나누기 ○●●

하나님께서 당신에게 주신 '특권'적 조건이 있다면 무엇입니까? 그에 따른 사명에 대해서도 생각해 본 적이 있습니까?

기도 ○●●

존귀하신 하나님, 솔로몬처럼 하늘로부터 오는 참 지혜를 소유해 하나님을 기쁘시게 하고, 더 나아가 그 지혜를 통해 주변 사람들을 유익하게 하며, 그리스도의 향기를 발하는 삶을 살도록 인도하옵소서.

숲이야기 2

지혜와 사랑

잠언, 아가

나무 94

지혜란 무엇인가?

잠 1-31장

찬양 **찬송가 –** 240장 · 참 사람 되신 말씀
찬　양 – 은보다 더 귀하신 주님

기도 이 시간, 말씀을 통독하는 가운데 하나님의 마음과 뜻을 깨달아 알 수 있도록 지혜를 주옵소서.

마음열기 살면서 주변에서 "지 사람 참 지혜롭네."라고 생각했던 적이 있습니까? 그의 어떤 점이 지혜로워 보였습니까?

함께읽기 함께 잠언 1장을 읽어봅시다.

친해지기 참된 지혜란 어디에서 오는 것입니까?

지혜가 무엇인지 알려면 지혜로운 사람과 지혜롭지 못한 사람이 각각 어떻게 사는지를 보면 됩니다. 잠언은 지혜롭지 못한 사람, 즉 어리석은 사람은 자신의 욕망에 갇혀 있다고 말하면서 욕망의 노예에서 지식의 반열로, 지식의 반열에서 지혜의 세계로 나아가라고 권면합니다.

그렇다면 지식은 무엇이고 지혜는 무엇입니까? 지식은 경험자의 말을 듣고 미리 아는 것입니다. 예를 들어 "불에 손을 넣으면 화상을 입는다", 이런 말을 듣고서 우리는 정말 그런가 안 그런가를 실험해 보지 않고도 그 위험성을 미리 알 수 있습니다. 다시 말해, 경험자의 말을 듣는 것, 이것이 지식의 유익함입니다.

그렇다면 지식에서 한 걸음 더 나아간 지혜는 과연 어떤 것일까요? 잠언에 따르면, 지혜는 깊은 연구를 통해서나 자신의 명철로 파악되는 노력의 산물이라기보다는 하나님을 의뢰하고 그를 신뢰하려는 마음 자세에서 얻어지는 것입니다. 경험의 유한성과 이기성에 대해서 인정하고 그 한계를 넘어 거룩한 상상을 하라는 것입니다.

솔로몬은 "내 아들아"라는 표현을 자주 사용하면서 인생 경험이 많은 아버지가 앞으로 살아야 할 날이 많이 남은 아들에게 삶의 지혜를 알려주는 형식으로 글을 씁니다. 세상의

지혜창고

누구나 얻을 수 있는 지혜 / 솔로몬은 지혜라는 것이 자신을 비롯한 몇몇 특별한 사람들만이 얻을 수 있는 것이라고 생각하지 않는다. 하나님을 경외하며, 하나님께 지혜를 간구하는 모든 사람들에게 지혜가 주어진다고 확신했다. 그 이유는 지혜의 근본이신 하나님께서는 사람들에게 지혜 주시는 것을 기뻐하시기 때문이다.

그 어떤 사람보다도 지혜가 많았던 솔로몬이 그의 아들들에게 지혜의 비결을 숨김없이 드러내고 있는 것입니다.

솔로몬은 때로는 엄중하게, 때로는 풍자적으로 지혜를 설명합니다. 잠언에서는 지혜가 잔치를 벌이고 우리를 초대하기도 하고, 지혜가 있는 사람과 없는 사람이 어떻게 다른지 재미있고 실감나게 이야기해 주기도 합니다. 그리고 그 모든 이야기의 핵심은 바로 "하나님을 경외하라"입니다.

메시지

참 지혜의 본체 예수 / 지혜와의 인격적 만남은 타락한 인간 이전의 상태 곧 하나님께서 선하게 만드신 상태로 돌아오라는 하나님의 애정 어린 요청인 것이다. 이를 성경 전체의 숲에서 본다면 이후 예수 그리스도를 통하여 우리가 참 지혜와 만남을 가질 수 있는 길이 열리게 된다.

솔로몬은 하나님으로부터 지혜를 얻은 사람입니다. 물론 다윗의 아들, 즉 왕자로 태어난 그는 어려서부터 최고의 스승들에게 가르침을 받았을 것입니다. 그러나 솔로몬이 지혜라는 단어와 그토록 어울리는 사람이 될 수 있었던 것은 그가 백성을 다스릴 수 있는 지혜의 마음을 하나님께 구했고, 하나님께서 그 소원을 허락하셨기 때문입니다. 그래서 솔로몬이 전하는 지혜의 핵심은 바로 '하나님' 입니다. 지혜는 하나님을 경외하는 마음으로부터 나오는 것입니다.

αΩ 원어해설

마샬 שָׁבָא

: 잠언 (잠 1:1) / '마샬'은 '속담', '비유담'을 의미한다. 금언적인 진리의 내용을 지니는 짧고 함축적이며 풍자적인 말인 '격언'뿐만 아니라 광범위한 비유의 동의어로도 쓰인다. 또한 '마샬'은 광범위한 교훈적인 이야기를 가리키기도 한다.

잠언이 말하는 지혜 - 무엇이 지혜인가?

여호와를 경외하며 의뢰하는 것 / 잠 1:7; 15:33; 16:3

지혜는 모든 지식의 근본인 하나님을 제대로 알고 섬기며 경외하는 것에서 출발합니다.

"여호와를 경외하는 것이 지식의 근본이거늘 미련한 자는 지혜와 훈계를 멸시하느니라" 잠 1:7

"여호와를 경외하는 것은 지혜의 훈계라 겸손은 존귀의 길잡이니라" 잠 15:33

인간의 부족함과 약함을 아는 것 / 잠 30:2-4

우리가 우리의 교만한 마음을 버리고 하나님과 사람 앞에서 겸손할 수 있다면 어느 누구의 훈계라 하더라도 그 안에서 교훈을 얻을 수 있습니다.

"나는 지혜를 배우지 못하였고 또 거룩하신 자를 아는 지식이 없거니와 하늘에 올라갔다가 내려온 자가 누구인지, 바람을 그 장중에 모은 자가 누구인지, 물을 옷에 싼 자가 누구인지, 땅의 모든 끝을 정한 자가 누구인지, 그의 이름이 무엇인지, 그의 아들의 이름이 무엇인지 너는 아느냐" 잠 30:3-4

지혜창고

스스로 높인 자리 / 솔로몬은 사람을 섬기는 자들에게 스스로 높이지 말라 교훈한다. 만일 왕 앞에서 스스로 높은 체하면 대인의 자리에서 쫓겨날 수 있기 때문이다. 예수님께서는 이 말씀을 인용하시며 잔칫집에서 상석에 앉기를 좋아하는 바리새인들을 책망하기도 하셨다(눅 14:7-11).

정직한 마음으로 진실을 말하는 것 / 잠 11:6; 20:23

속임의 저울과 공평한 추, 교만과 겸손, 정직과 사특으로 빚어지는 다양한 삶의 길 중 선택은 우리의 몫입니다. 거짓과 술수를 말하는 입술이 아닌 진리와 정직을 말하는 입술, 그리고 그런 마음 자세를 가지는 것이 참 지혜입니다.

"한결같지 않은 저울 추는 여호와께서 미워하시는 것이요 속이는 저울은 좋지 못한 것이니라" 잠 20:23

지혜창고

미련한 사람

1. 궤사한 말을 좋아함
2. 이웃과 다툼
3. 분수에 넘치는 말을 함
4. 남의 허물을 드러냄
5. 거짓말을 쉽게 함

📖 지혜창고

똑바로 경제 / 지혜로운 자는 속히 부하고자 하여 불의한 재물을 취하는 자가 아니라 성실하고 충성스럽게 일하며, 그 소산물로 가난한 자의 형편을 살필 줄 아는 사람이다. 이를 성경 전체의 숲에서 본다면 모세를 통하여 이스라엘 백성들에게 전하신 "약한 이웃을 돌아보라."라는 율법이 잠언에서 재강조되고 있다.

가난한 이웃을 돌아보는 것 / 잠 3:27-28; 11:25; 14:31

상식적으로는 이해가 안 되는 신기한 원리가 있습니다. 흩으면 더 모아지고, 아끼면 더 손해 보게 되는 원리입니다. 잠언은 궁핍한 사람을 긍휼히 여기는 자가 바로 주를 존경하는 지혜로운 자라고 말합니다.

"구제를 좋아하는 자는 풍족하여질 것이요 남을 윤택하게 하는 자는 자기도 윤택하여지리라" 잠 11:25

📖 지혜창고

듣고 말하고 / 의인과 악인에 대한 가르침이 계속되는 가운데, 그 기준으로 입과 귀를 들고 있다. 지혜는 유순한 대답, 지식을 선히 베풂, 온순한 입, 대답할 말을 깊이 생각하는 것 등 입술의 말에서, 그리고 견책과 경계와 훈계를 듣는 귀에서 나온다.

훈계와 징계받기를 즐겨하는 것 / 잠 3:12; 12:1; 13:1

입에 쓴 약을 먹어 몸을 건강하게 하는 것이 지혜이듯 징계를 달게 받는 것이 지혜자의 자세입니다. 겸손히 자신의 허물에 대한 훈계와 가르침을 받아들이고, 이를 고치고자 하는 노력이 그를 더욱 지혜로운 사람으로 만들어갑니다.

"대저 여호와께서 그 사랑하시는 자를 (   )하시기를 마치 아비가 그 기뻐하는 (   )을 징계함 같이 하시느니라" 잠 3:12

"지혜로운 아들은 아비의 (   )를 들으나 거만한 자는 꾸지람을 즐겨 듣지 아니하느니라" 잠 13:1

📖 지혜창고

의인 vs 악인 / 의인과 악인의 차이를 입술의 말로 구분하고 있다. 의인은 선한 말로 이웃에게 큰 기쁨을 준다. 그러나 악인은 자기 자신과 이웃에게 큰 피해를 주기 마련이다.

입술의 말을 조심하는 것 / 잠 10:11; 10:19; 20:15; 21:23

의인의 말은 제어하는 지혜가 있으며, 순수한 은 같으며, 여러 사람들을 교육하는 힘이 있습니다. 자신의 혀를 다스릴 수 있는 사람이라면 온몸을 다스릴 수 있는 사람입니다.

"말이 많으면 허물을 면하기 어려우나 그 입술을 제어하는 자는 지혜가 있느니라" 잠 10:19

부지런한 삶의 자세를 갖는 것 / 잠 6:6-11; 10:4-5

우리의 생명이 하나님으로부터 온 것임을 믿는다면 매 순간의 삶을 충실히 살아가야 할 것입니다. 게으름을 피우며 자신의 역할을 다하지 않는 것은 하나님을 경외하는 사람의 바른 태도가 아닙니다.

📖 지혜창고

우리의 적, 게으름 / 우리의 몸은 보다 편안한 것을 요구한다. 부지런한 것보다는 게으름 피우는 것이 우리의 본능이다. 그러나 내 육신이 시키는 대로 하는 것은 지혜가 아니다. 잠언은 부지런함을 지혜의 한 내용으로 포함하고 있다.

"손을 게으르게 놀리는 자는 가난하게 되고 손이 부지런한 자는 부하게 되느니라" 잠 10:4

좋은 친구를 사귀는 것 / 잠 13:20; 22:24-25; 27:17

지혜로운 사람을 가까이 하여 배우며 교훈 받는다면, 곧 그의 삶도 지혜로워질 것입니다.

📖 지혜창고

얼음냉수 / 충성된 사람은 마치 추수하는 날에 얼음냉수 같아서 능히 그 주인의 마음을 시원하게 한다. 아브라함에게 다메섹 사람 엘리에셀이 그러했듯이 말이다(창 24장).

"지혜로운 자와 동행하면 지혜를 얻고 미련한 자와 사귀면 해를 받느니라" 잠 13:20

악인의 형통을 부러워하지 않는 것 / 잠 24:1-2; 24:19-20

잠언은 악인의 형통을 보고 마음이 흔들려 정직한 길에서 돌아서지 말 것을 가르치고 있습니다. 비록 우리의 눈에 악인이 형통하고 의인이 고난 받는 모습이 보일지라도 하나님을 경외하는 것이 지혜입니다.

"너는 행악자들로 말미암아 분을 품지 말며 악인의 형통함을 부러워하지 말라 대저 행악자는 장래가 없겠고 악인의 등불은 꺼지리라" 잠 24:19-20

리더십

유혹을 뿌리쳐라 / 다윗에게서 전해 받은 선한 도리를 솔로몬이 그의 후손들에게 다시 전하여 주고 있다. 다윗은 솔로몬에게 악의 유혹을 뿌리치고 의의 길을 따를 것을 자신의 삶으로 가르쳤다.

메시지

피해야 할 것 / 피해야 할 것이 있으니 곧 포도주와 독주에 미혹되는 것이요, 다툼을 일으키는 것이요, 자기를 자랑하는 것이요, 한결 같지 않은 언행이다. 잠자기를 좋아하고 자랑하기를 좋아하는 자, 말하기 좋아하는 자, 부모를 저주하는 자의 마지막은 빈궁, 외로움, 어두운 곳으로 쫓기는 것이다. 사람의 눈과 귀를 지으신 이가 이런 일에 귀를 기울이시고 주목하심을 잊지 말아야 한다.

어리석은 유혹을 물리치는 것 / 잠 4:23-27; 5:7-8

지혜란, 나에게 다가오는 유혹을 물리치는 것입니다. 성경이 말하는 지혜로운 사람은 눈앞의 쾌락을 좇기보다는 영원한 생명의 길을 걷는 사람입니다.

"모든 지킬 만한 것 중에 더욱 네 마음을 지키라 생명의 근원이 이에서 남이니라 … 좌로나 우로나 치우치지 말고 네 발을 악에서 떠나게 하라" 잠 4:23, 27

노하기를 더디 하는 것 / 잠 16:32; 25:15; 29:11

자신의 마음과 본능을 다스릴 수 있는 사람이 지혜로운 사람입니다. 성급히 분노를 발하고, 마음에 있는 말을 그대로 쏟아내는 사람은 소원하는 바를 절대 이룰 수 없습니다.

"노하기를 더디하는 자는 용사보다 낫고 자기의 마음을 다스리는 자는 성을 빼앗는 자보다 나으니라" 잠 16:32

보석찾기 ○ ● ●

여호와를 경외하며 의뢰하는 것, 그것이 모든 지식과 지혜의 근본 출발점입니다. 이 같은 내용들이 담긴 잠언의 구절들을 찾아 적어봅시다. 잠 1:7, 3:5 등

마음나누기 ○ ● ●

잠언 내용 가운데 당신의 삶에 꼭 필요한 한 구절을 찾아 암송하고, 그 구절을 선택한 이유를 나눠봅시다.

기도 ○ ● ●

지혜와 지식의 근본이신 하나님, 참된 지혜는 바로 하나님으로부터만 나올 수 있음을 깨닫게 하시니 감사합니다. 날마다 하나님을 경외함으로 구원에 이르는 지혜를 얻게 하시고, 놀랍고 풍성한 하나님의 복을 받아 누리게 하옵소서.

나무 95

사랑이란 무엇인가?

아 1-8장

찬양

찬송가 – 288장 · 완전한 사랑
찬 양 – 나의 사랑하는 자의 목소리

기도

이 시간, 말씀을 통독하는 가운데 하나님의 마음과 뜻을 깨달아 알 수 있도록 지혜를 주옵소서.

마음열기

당신은 참 사랑이 무엇이라고 생각하십니까?

함께읽기

함께 아가 1장을 읽어봅시다.

친해지기

아가서는 솔로몬 왕과 술람미 여인과의 사랑을 통해 하나님과 그분의 백성들 간의 사랑의 관계를 보여주고 있습니다. 아가 1장에서 솔로몬은 술람미 여인의 아름다움을 무엇으로 비유하고 있습니까?

사람이 성숙했는지의 여부를 무엇으로 알 수 있습니까? 그가 부모를 사랑할 수 있는가, 그 이웃을 사랑할 수 있는가, 그리고 한 남자나 한 여자를 사랑할 수 있는가를 보고 그 사람의 성숙 여부를 알 수 있습니다.

☑ 알아두기

술람미 / 갈릴리 바다 남서쪽 잇사갈 지파의 땅에 있었던 수넴(Shunem) 마을이라고 추측됨.

'아가'는 '노래들 중의 노래' 또는 '가장 아름다운 노래'를 의미합니다. 아가는 솔로몬과 술람미 여인 사이에서 이루어진 순결하고도 아름다운 사랑을 보여 주고 있습니다. 말초신경을 자극하는 육감적인 사랑이 아닌, 마음에서 마음으로 이어지는 진실한 사랑에 관한 노래입니다. 솔로몬의 아름답고 애절한 사랑 노래를 통해 서로를 향한 사랑의 마음이 얼마나 풍성한 것인지를 볼 수 있습니다. 솔로몬과 술람미 여인의 순결한 사랑을 보면서 우리 인간을 한없이 사랑하시는 하나님을 떠올리지 않을 수 없습니다. 하나님의 사랑의 시선은 이미 인간들, 바로 우리에게 닿아 있습니다.

아가서가 말하는 사랑 - 무엇이 사랑인가?

지혜창고

솔로몬의 로맨스 / 대부분 솔로몬의 결혼은 정치적인 고려에 의한 것이었다. 그런데 술람미 여인은 단지 포도원지기였다. 이 사실로 미루어보았을 때 아가서의 사랑은 신분을 뛰어넘은 순수한 로맨스였을 것이다.

사랑은 한계를 넘어서는 것입니다 / 아 1:5-6

사랑에는 장벽이 없습니다. 이스라엘 역사상 최고의 번영을 구가했던 왕인 솔로몬과 향촌 처녀의 사랑은 참으로 진한 감동을 자아냅니다. 신분이나 계급의 차이를 이유로 쉽게 포

메시지

주고받는 사랑 / 진실한 사랑은 쌍방으로 통할 때 아름다운 열매를 맺게 된다. 다시 말해, 사랑은 서로 화답하는 것이다.

기하는 사랑은 진정한 사랑일 수 없습니다. 진정한 사랑만이 여러 어려운 환경과 조건들을 극복하고 그 사랑을 끝까지 지켜낼 수 있습니다.

"예루살렘 딸들아 내가 비록 검으나 아름다우니 게달의 장막 같을지라도 솔로몬의 휘장과도 같구나 내가 햇볕에 쬐어서 거무스름할지라도 흘겨보지 말 것은 내 어머니의 아들들이 나에게 노하여 포도원지기로 삼았음이라 나의 포도원을 내가 지키지 못하였구나" 아 1:5-6

사랑은 서로에 대한 집중입니다 / 아 2:2-3

진정한 사랑은 서로를 향한 집중입니다. 어찌 그 여인만이 백합이겠으며, 어찌 그 남자만이 사과나무이겠습니까? 그러나 상대를 향한 집중은 상대방의 존재와 가치를 최고로 인식하게 만듭니다.

"여자들 중에 내 사랑은 가시나무 가운데 백합화 같도다 남자들 중에 나의 사랑하는 자는 수풀 가운데 사과나무 같구나 내가 그 그늘에 앉아서 심히 기뻐하였고 그 열매는 내 입에 달았도다" 아 2:2-3

사랑은 세밀한 관심과 배려입니다 / 아 2:6-7

사랑하는 연인의 단잠을 깨우지 말 것을 부탁하고 있습니다. 상대방의 기쁨과 행복을 위해 작은 것에 대한 배려와 주의를 기울이는 것이 나의 기쁨입니다.

"그가 왼팔로 내 머리를 고이고 오른팔로 나를 안는구나 예루살렘 딸들아 내가 노루와 들사슴을 두고 너희에게 부탁한다 내 사랑이 원하기 전에는 흔들지 말고 깨우지 말지니라" 아 2:6-7

사랑은 동행하는 것입니다 / 아 2:10-13

사랑은 동행입니다. 함께 가는 것이지요. 나의 생각과 상대의 생각이 교감을 이루고, 같은 곳을 바라보며 함께 발걸음을 내딛는 것입니다.

> 지혜창고
>
> **아가서의 사랑은** / 아가서는 이스라엘 백성을 향한 하나님의 사랑과, 그리스도의 신부인 교회를 향한 그리스도의 사랑을 비유하고 있기도 하다.

"나의 사랑하는 자가 내게 말하여 이르기를 나의 사랑, 내 어여쁜 자야 일어나서 함께 가자 겨울도 지나고 비도 그쳤고 지면에는 (　　　　)이 피고 새가 노래할 때가 이르렀는데 비둘기의 소리가 우리 땅에 들리는구나 무화과나무에는 푸른 (　　　　　　　　)가 익었고 포도나무는 꽃을 피워 향기를 토하는구나 나의 사랑, 나의 어여쁜 자야 (　　　　　　) 함께 가자" 아 2:10-13

사랑은 서로의 허물을 덮는 것입니다 / 아 4:7

여인을 향한 솔로몬의 사랑은 여인을 순전하고 어여쁘게, 그리고 흠이 없어 보이게 합니다. 왜냐하면 참 사랑은 잠언의 말씀잠 10:12처럼 상대방의 허다한 허물을 덮어주고 감싸주는 것이기 때문입니다.

"나의 사랑 너는 어여쁘고 아무 흠이 없구나" 아 4:7

사랑은 서로에게 속하는 것입니다 / 아 2:16; 6:3

상대방을 향한 집중은 서로를 서로에게 속하게 만듭니다. 더 이상 타자가 아닌, 하나의 실체가 됩니다. 그래서 같이 아파하고 같이 기뻐할 수 있는 존재가 되는 것입니다.

"내 사랑하는 자는 내게 속하였고 나는 그에게 속하였도다 그가 백합화 가운데에서 양 떼를 먹이는구나" 아 2:16

사랑은 죽음까지도 이기는 것입니다 / 아 8:6-7

솔로몬과 술람미 여인이 도달하게 될 결코 끊어질 수 없는 사랑의 종착역, 그곳에는 사랑의 소중함이 담겨 있으며 서로에 대한 강한 책임감이 있습니다. 그 사랑은 그 어떤 것과도 바꿀 수 없으며 죽음보다도 더 강합니다.

"너는 나를 도장 같이 마음에 품고 도장 같이 팔에 두라 사랑은 죽음 같이 강하고 질투는 스올 같이 잔인하며 불길 같이 일어나니 그 기세가 여호와의 불과 같으니라" 아 8:6

아가서에 흐르는 이 사랑은 사실 성경 전체에 흐르는 하나님의 사랑, 특히 인생들을 향한 사랑입니다. 독생자를 보내시기까지 베푸신 사랑, 자신의 생명을 다 주시기까지 희생하신 큰 사랑, 누구도 끊을 수 없어서 지금 우리에게까지 전해져 내려오는 그 사랑, 바로 예수 그리스도의 사랑입니다.

보석찾기 ○ ● ●

술람미 여인을 향한 솔로몬의 사랑과 베드로를 향한 예수님의 사랑은 조건 없는 사랑이었습니다. 아가 1장 5-6절과 요한복음 21장 15-17절에서 각각 솔로몬과 예수님의 사랑이 조건 없는 사랑이었음을 알 수 있는 단어나 구절들을 찾아 적어봅시다.

마음나누기 ○ ● ●

당신은 누군가를 조건 없이 사랑해 본 적이 있습니까?

기도 ○ ● ●

사랑의 하나님, 솔로몬을 찾는 술람미 여인의 모습을 통해 그리스도의 신부인 우리 그리스도인들도 신랑 되신 주님을 사모하고 힘써 찾아야 함을 깨닫게 됩니다. 주의 말씀을 힘써 지키고 주를 뜨겁게 사랑하는 성도들이 되게 하옵소서.

숲이야기 3

유한인생 무한지혜

열왕기상 11장, 전도서

나무 96

흔들린 마음

왕상 11장

찬양 **찬송가 –** 440장 · 멀리 멀리 갔더니
찬 양 – 나 무엇과도 주님을 바꾸지 않으리

기도 이 시간, 말씀을 통독하는 가운데 하나님의 마음과 뜻을 깨달아 알 수 있도록 지혜를 주옵소서.

마음열기 작심삼일(作心三日)이라는 말이 있습니다. 당신은 처음에 굳게 다짐하고 결심했던 것들이 시간이 지나거나 어떤 계기로 인해 흔들려본 경험이 있습니까?

함께읽기 함께 열왕기상 11장을 읽어봅시다.

친해지기 솔로몬은 당시 외교정책의 일환으로 많은 이방 여인들과 정략결혼을 하였습니다. 그 결과로 파생된 문제들은 무엇이었습니까?

솔로몬이 이스라엘을 통치한 40년은 크게 두 시기로 구분됩니다. 전기는 솔로몬이 왕위에 오른 후 내각 정비(3년), 성전 건축(7년), 궁전건축(13년)을 마치기까지의 약 23년간입니다. 하지만 이것은 외관상 드러나는 특징이었고, 이 시기 솔로몬의 통치를 특징짓는 더 중요한 점은 바로 그가 하나님을 사랑했다는 것입니다. 그런데 뒤이은 후기에는 "여호와를 사랑하고 그의 아버지 다윗의 법도를 행하"왕상 3:3던 솔로몬의 마음이 분산되고 맙니다. 솔로몬은 하나님을 사랑했던 마음의 중심을 잃어버리고 어느덧 이방의 많은 여인들에게로 그 마음을 돌리고 맙니다.

지혜창고

솔로몬의 실패 / 즉위 초기, 솔로몬은 아버지에게 전수 받은 신앙을 자신의 삶의 기준으로 세웠다. 그러나 시간이 흐를수록 그의 신앙은 퇴색하였고, 결국은 이스라엘의 분열을 야기하는 원인을 제공하고 말았다.

당시 외교 정책의 중요한 방법이었던 정략결혼으로 솔로몬에게는 1천여 명의 후궁이 있었습니다. 그 각국의 이방 공주들을 위해 예루살렘엔 호화스런 궁전들이 건축되었고, 그들이 사치하는 데에 어마어마한 국민의 세금이 들어갔습니다. 예루살렘엔 그모스, 밀곰, 아스다롯을 비롯한 수많은 우상들의 신전이 세워집니다. 예루살렘이 일종의 우상박물관이 되어 버린 것입니다. 그러자 이스라엘 백성들이 그 이방 공주들이 섬기는 우상을 따라서 섬기는 죄를 범하기 시작합니다. 이로써 사무엘 시대 이후로 잠잠했던 우상숭배의 문제가 또다시 고개를 들게 됩니다.

√ 알아두기

밀곰 / 밀곰은 암몬 족속이 섬기던 신으로, '몰렉'과 동일하다. 어린아이를 산 제물로 바치는 제사로 유명하다(왕하 23:13). 솔로몬은 밀곰 숭배를 도입하여 예루살렘 동쪽 구릉에 그 산당을 세웠다. 이것은 요시야의 종교 개혁 때까지 계속되었다(왕하 23:13).

하나님께서 두 번이나 솔로몬에게 나타나셔서 그의 아버지

메시지

솔로몬의 영화보다 / 솔로몬은 자신이 가진 영화를 통해 기쁨과 만족을 누리지 못했다. 예수님께서는 산상수훈에서 들에 핀 백합화를 예로 드시며, 솔로몬의 영화가 이 꽃만 못하였다고 말씀하셨다. 솔로몬은 인생의 말엽에 가서야 이러한 깊은 진리를 헤아리게 된다.

다윗의 길로 행하며 다른 신을 좇지 말라고 명하신 바 있습니다.왕상 11:9-11 그런데 그의 마음이 흔들려버리자, 이제 솔로몬에게 있던 모든 것이 그를 떠나게 됩니다. 솔로몬의 말년은 평안하지 못합니다. 이것이 유한인생(有限人生)입니다. 하나님께서는 솔로몬에게 놀라운 지혜를 주셨건만 그는 인생의 유한함에 대해서 뒤늦게야 깨닫게 됩니다.

결국 하나님께서는 나라를 남과 북으로 나누시고, 북이스라엘을 여로보암에게 맡겨야겠다는 계획을 품으십니다.

> "여호와께서 솔로몬에게 말씀하시되 네게 이러한 일이 있었고 또 네가 내 언약과 내가 네게 명령한 법도를 지키지 아니하였으니 내가 반드시 이 나라를 네게서 빼앗아 네 (　　　　　) 에게 주리라 그러나 네 아버지 (　　　　　)을 위하여 네 세대에는 이 일을 행하지 아니하고 네 아들의 손에서 빼앗으려니와 오직 내가 이 나라를 다 빼앗지 아니하고 내 종 다윗과 내가 택한 (　　　　　　　　)을 위하여 한 지파를 네 아들에게 주리라 하셨더라"왕상 11:11-13

그러나 "네 왕위가 영원히 견고하리라"라고 다윗에게 약속하셨던 하나님께서는 솔로몬 이후 끊임없이 이어지는 이스라엘의 우상숭배에도 불구하고 변함없이 이스라엘을 사랑해 주십니다. 하나님의 한없는 신실하심을 열왕기서 전체를 통해 확인할 수 있습니다.

보석찾기 ○ ● ●

솔로몬이 그의 아름다운 결심을 지켜가기를 바라신 하나님께서 그에게 직접 찾아오셔서 당부하신 적이 있습니다. 그 당부의 내용을 열왕기상 9장 1-9절에서 찾아 적어봅시다.

마음나누기 ○ ● ●

근래 당신의 마음과 중심을 흔들었던 것이 있다면 무엇입니까?

기도 ○ ● ●

거룩하신 하나님, 믿음 안에 서지 못한 자는 아무리 많은 세상의 부와 명예를 누릴지라도 결국 허무한 인생의 종말을 맞이하게 됨을 솔로몬을 통해서 보게 됩니다. 저의 삶이 흔들림 없는 믿음으로 굳건히 서도록 인도하여 주옵소서.

나무 97

뒤안길에서

전 1-7장

찬양 **찬송가** – 474장 · 이 세상에 근심된 일이 많고
찬　양 – 해 아래 새 것이 없나니

기도 이 시간, 말씀을 통독하는 가운데 하나님의 마음과 뜻을 깨달아 알 수 있도록 지혜를 주옵소서.

마음열기 성년의 입에서 '헛되다' 라는 고백이 나오기는 쉽지 않습니다. 당신은 지난날을 뒤돌아보며 '헛되다' 는 고백을 해 본 적이 있습니까?

함께읽기 함께 전도서 1장을 읽어봅시다.

친해지기 전도서는 한 허무주의자의 독백이 아니라 모든 생명의 근원이신 하나님을 강조하는 변증서라고 할 수 있습니다. 솔로몬이 헛되다고 고백한 대상은 무엇입니까?

넘치는 당당함으로 '하나님을 경외하라! 이것이 지혜다' 라고 외쳤던 솔로몬의 우렁찬 목소리는, 어느덧 파란만장했던 삶을 뒤로한 채 이 땅에서의 삶을 마감해야 하는 한 노인의 힘없는 목소리로 바뀌었습니다.

많은 사람들이 이 땅에 사는 동안, 온갖 권모와 술수를 부리며 부와 안락을 찾아다니고, 그것이 마치 세상을 잘 사는 지혜인양 떠들어대고 있을 때, 솔로몬은 일찍이 하나님을 경외하며 공의와 정의를 행하는 것이야말로 참 지혜라고 선포하였습니다. 그런데 세상의 어떤 왕보다도 큰 지혜와 부귀영화를 누렸던 그였건만, 그의 말년은 그리 행복하고 보람되지는 못했던 것 같습니다. 오히려 그는 "헛되다"라는 고백을 반복하고 있습니다.

지혜창고

헛됨을 깨닫는 지혜 / '헛되다'는 표현을 할 수 있다는 것만으로도 그는 굉장한 것을 깨달은 것이다. 그런데 문제는 시기이다. 열심히 수고하고 자신의 모든 것을 바쳐서 일할 때엔 그 사실을 깨닫지 못하다가 마지막 숨이 넘어갈 때에야 그 사실을 깨닫는다면 얼마나 안타까운가?

솔로몬은 인류 역사의 그 누구보다도 많은 물질을 가져보았고, 부족함 없이 누려보았습니다. 그리고 만끽할 수 있는 갖가지 쾌락과 향락도 즐겨보았습니다. 그리고 종국에는 그 모든 것이 허무하다는 것까지 다 경험해 본 것입니다. 그런데 아마도 솔로몬이 인생 말년에 다시 한번 철이 들어서 하나님 앞에 바로 서지 않았는가 싶습니다. 그는 입 안에 모래가 가득 든 것 같은 느낌을 가지고, 후대에 삶을 살아갈 사람들에게 자기처럼 살지 말고 바르게 살 것을 가르치기 위해 전도서를 쓴 것으로 보입니다.

αΩ 원어해설

코헬레트 קֹהֶלֶת

: 전도자 (전 1:2) / '코헬레트'는 보편적으로 '설교자'를 뜻하며, 어떤 모임 또는 집회에서 대중 앞에 연설을 하는 사람을 가리킨다.

생각해보면, 이 '전도서' 한 권이 나오는 데에 엄청난 경비가 들었습니다. 솔로몬 한 사람이 이 모든 체험을 다 할 수 있게끔 허락하신 후에 쓰도록 하신 책이니 말입니다. 인생에서 최대의 비용을 지출하고 난 후 인생이 무엇인지를 써 놓은 책이 바로 '전도서' 입니다.

전도자의 인생고백

사람의 수고가 헛되다 – "내가 해 아래에서 행하는 모든 일을 보았노라 보라 모두 다 헛되어 바람을 잡으려는 것이로다" 전 1:14

√ 알아두기

때가 있다 (전 3장)

"범사에 기한이 있고 천하만사가 다 때가 있나니"

날 때	죽을 때
심을 때	뽑을 때
죽일 때	치료할 때
헐 때	세울 때
울 때	웃을 때
슬퍼할 때	춤출 때
돌을 던져 버릴 때	돌을 거둘 때
안을 때	안는 일을 멀리할 때
찾을 때	잃을 때
지킬 때	버릴 때
찢을 때	꿰맬 때
잠잠할 때	말할 때
사랑할 때	미워할 때
전쟁할 때	평화할 때

"하나님이 모든 것을 지으시되 때를 따라 아름답게 하셨고 또 사람들에게는 영원을 사모하는 마음을 주셨느니라 그러나 하나님이 하시는 일의 시종을 사람으로 측량할 수 없게 하셨도다 (전 3:1–8, 11)."

해 아래 새로운 것은 없다 – "무엇을 가리켜 이르기를 보라 이것이 새 것이라 할 것이 있으랴 우리가 있기 오래 전 세대들에도 이미 있었느니라" 전 1:10

즐거움도 헛되다 – "나는 내 마음에 이르기를 자, 내가 시험삼아 너를 즐겁게 하리니 너는 낙을 누리라 하였으나 보라 이것도 헛되도다" 전 2:1

인간 지혜에는 한계가 있다 – "지혜자도 우매자와 함께 영원하도록 기억함을 얻지 못하나니 후일에는 모두 다 잊어버린 지 오랠 것임이라

오호라 지혜자의 죽음이 우매자의 죽음과 일반이로다" 전 2:16

모든 일에 때가 있다 – "범사에 기한이 있고 천하만사가 다 때가 있나니 날 때가 있고 죽을 때가 있으며 심을 때가 있고 심은 것을 뽑을 때가 있으며 … 전쟁할 때가 있고 평화할 때가 있느니라" 전 3:1-8

모든 인생은 흙으로 간다 – "다 흙으로 말미암았으므로 다 흙으로 돌아가나니 다 한 곳으로 가거니와" 전 3:20

재물로 만족할 수 없다 – "은을 사랑하는 자는 은으로 만족하지 못하고 풍요를 사랑하는 자는 소득으로 만족하지 아니하나니 이것도 헛되도다" 전 5:10

지혜창고

밑 빠진 항아리 / 채워도 채워도 채워지지 않는 밑 빠진 항아리 같은 것이 물질에 대한 욕심이다. "돈을 사랑함이 일만 악의 뿌리가 되나니 이것을 탐내는 자들은 미혹을 받아 믿음에서 떠나 많은 근심으로써 자기를 찔렀도다(딤전 6:10)."

전도자의 권면 – 행복한 인생을 살려면

선을 행하는 사람이 행복하다 – "사람들이 사는 동안에 기뻐하며 선을 행하는 것보다 더 나은 것이 없는 줄을 내가 알았고" 전 3:12

서로 돕는 사람이 행복하다 – "또 두 사람이 함께 누우면 따뜻하거니와 한 사람이면 어찌 따뜻하랴 한 사람이면 패하겠거니와 두 사람이면 맞설 수 있나니 세 겹 줄은 쉽게 끊어지지 아니하느니라" 전 4:11-12

입술을 지키는 사람이 행복하다

"너는 하나님 앞에서 함부로 입을 열지 말며 급한 마음으로 말을 내지 말라 하나님은 (   )에 계시고 너는 땅에 있음이니라 그런즉 마땅히 (   )을 적게 할 것이라 걱정이 많으면 꿈이 생기고 말이 많으면 (   ) 자의 소리가 나타나느니라" 전 5:2-3

메시지

시간에 대한 깊은 통찰 / 이 세상의 모든 일은 영원하지 않으며 누구도 앞으로 일어날 일에 대하여 알지 못한다. 모든 것은 하나님의 주권 아래 놓여져 있으며, 우리는 우리에게 주어지는 순간 순간에 힘을 다하여 살아갈 수밖에 없다. 하나님께서는 시간을 우리에게 선물로 주어 선용하게 하셨으며, 결국엔 우리의 행한 바대로 심판하실 것이다.

죽음을 기억하는 사람이 행복하다 – "초상집에 가는 것이 잔칫집에 가는 것보다 나으니 모든 사람의 끝이 이와 같이 됨이라 산 자는 이것을 그의 마음에 둘지어다 … 지혜자의 마음은 초상집에 있으되 우매한 자의 마음은 혼인집에 있느니라" 전 7:2-4

치우치지 않는 사람이 행복하다 – "지나치게 의인이 되지도 말며 지나치게 지혜자도 되지 말라 어찌하여 스스로 패망하게 하겠느냐 지나치게 악인이 되지도 말며 지나치게 우매한 자도 되지 말라" 전 7:16-17

보석찾기

솔로몬은 자신의 조건을 가지고 상당히 많은 일을 실행해 본 후, "헛되다"라고 고백하였습니다. 어떤 일들을 해보고 그런 이야기를 하였는지, 그가 이미 해보았던 일들의 예를 전도서 2장 1-11절에서 세 가지만 찾아 적어봅시다.

마음나누기

당신은 근래에 누군가의 장례식에 참석해 슬픔을 나눠본 적이 있습니까? 그 일을 통해 인생에 대해서 어떤 느낌을 가질 수 있었습니까?

기도

영원무궁하신 하나님, 모든 인생들의 삶이 결국 유한할 뿐임을 깨닫습니다. 하나님 없는 허무한 인생길에서 우리를 건져내시고 살아계신 하나님을 알게 해주신 은혜에 감사드립니다. 더욱 하나님을 경외하며 살아가도록 인도하소서.

나무 98

기억하라(Remember)

전 8-12장

찬양 **찬송가 –** 458장 · 주의 친절한 팔에 안기세
찬 양 – 내 생에 가장 귀한 것

기도 이 시간, 말씀을 통독하는 가운데 하나님의 마음과 뜻을 깨달아 알 수 있도록 지혜를 주옵소서.

마음열기 세월은 흐르는 물과 같고, 시간이 화살처럼 지나간다고도 합니다. 당신은 언제 이런 사실을 느껴보았습니까?

함께읽기 함께 전도서 12장을 읽어봅시다.

친해지기 서두에서 모든 것이 '헛되고 헛되도다' 라고 말한 전도자는 결론적으로 사람의 본분에 대해 단언합니다. 전도자가 말하는 사람의 본분은 무엇입니까?

말씀의 숲길로 ○●●

"헛되고 헛되며 헛되고 헛되니 모든 것이 헛되도다" 전 1:2 라는 말씀으로 그의 가르침을 시작했던 전도자가 그의 마지막 교훈을 전하고 있습니다. 삶의 끝에 다다른 전도자가 사랑하는 젊은이들을 향해 마지막으로 전하는 진심 어린 당부의 말은 '인생의 허무함과 그 헛됨이 어떠한지를 알았으니 이제 하나님을 경외하라' 는 것입니다.

인생의 모든 것을 보시는 하나님께서 선한 것이든 악한 것이든 모든 은밀한 일을 다 심판하신다는 그의 마지막 말은 전도서를 통하여 전하려는 그의 간곡한 당부입니다. 하나님의 일이 어떻게 계획되고 어떻게 실현되는지를 인간으로서는 다 알 수 없지만 우리가 한 가지 분명히 알아야 하는 것은 우리에게 주어진 삶이 반드시 하나님의 주권 아래 있다는 것입니다.

전도자의 당부 – 기억하라

모두 다 하나님의 손에 있음을 기억하라

"이 모든 것을 내가 마음에 두고 이 모든 것을 살펴본즉 의인들이나 지혜자들이나 그들의 행위나 모두 다 하나님의 손 안에 있으니 사랑을 받을는지 미움을 받을는지 사람이 알지 못하는 것은 모두 그들의 미래의 일들임이니라" 전 9:1

모든 인생이 죄인임을 기억하라

"모든 사람의 결국은 일반이라 이것은 해 아래에서 행해지는 모든 일 중의 악한 것이니 곧 인생의 마음에는 악이 가득하여 그들의 평생에 미친 마음을 품고 있다가 후에는 죽은 자들에게로 돌아가는 것이라" 전 9:3

하나님의 심판이 있을 것임을 기억하라

"청년이여 네 어린 때를 즐거워하며 네 청년의 날들을 마음에 기뻐하여 마음에 원하는 길들과 네 눈이 보는 대로 행하라 그러나 하나님이 이 모든 일로 말미암아 너를 심판하실 줄 알라" 전 11:9

시간이 흘러 노인이 될 것을 기억하라

"그런 날에는 집을 지키는 자들이 떨 것이며 힘 있는 자들이 구부러질 것이며 맷돌질 하는 자들이 적으므로 그칠 것이며 창들로 내다보는 자가 어두워질 것이며 길거리 문들이 닫혀질 것이며 맷돌 소리가 적어질 것이며…" 전 12:3-7

청년의 때, 너의 창조자를 기억하라

"너는 청년의 때에 너의 창조주를 기억하라 곧 곤고한 날이 이르기 전에, 나는 아무 낙이 없다고 할 해들이 가깝기 전에 해와 빛과 달과 별들이 어둡기 전에, 비 뒤에 구름이 다시 일어나기 전에 그리하라" 전 12:1-2

인생 말년에 이르러 삶의 덧없음과 유한함을 절실히 깨달은 솔로몬이 이를 젊은이들에게 알려 지혜로운 인생을 살도록 호소하고 있습니다. 모든 인생들은 태어나서 자라고 나이가 들어갑니다. 노인이 되면, 춥지 않아도 몸이 떨리고(집을 지키는 자들이 떨 것이며), 허리가 구부러집니다(힘 있는 자들이 구부러질 것이며). 이가 빠져 딱딱한 음식을 씹기 어려우며(맷돌질 하는 자들이 적으므로 그칠 것이며), 눈도 침침해집니다(창들로 내다 보는 자가 어두워질 것이며). 이른 새벽에 눈이 떠지고(새의 소리로 말미암아 일어날 것이며), 머리에도 흰머리가 늘어납니다(살구나무가 꽃이 필 것이며). 무거운 짐을 지기 어려워집니다(메뚜기도 짐이 될 것이며). 곧 "영원한 집으로 돌아가고 조문객들이 거리로 왕래하게 될 것입니다.

일찍이 "우리의 연수가 칠십이요 강건하면 팔십이라도 그 연수의 자랑은 수고와 슬픔뿐이요 신속히 가니 우리가 날아가나이다"시 90:10라고 고백했던 모세의 말처럼, 육체는 흙으로, 영혼은 하나님께로 돌아가는 것이 모든 인생의 마지막입니다.

전도자 솔로몬은 바로 이러한 때가 이르기 전, 즉 청년의 때에 창조자 하나님을 기억하라고 당부합니다.

> "일의 결국을 다 들었으니 하나님을 (　　　　　　)하고 그의 명령들을 지킬지어다 이것이 모든 (　　　　　　)의 본분이니라 하나님은 모든 행위와 모든 은밀한 일을 선악 간에

( )하시리라" 전 12:13-14

전도서가 인생의 무상함과 덧없음을 선포하고 있지만 그것이 전도서의 전체 주제는 아닙니다. "모든 것이 헛되다"라는 전도자의 강한 선언 속에는 이미 그 헛됨을 극복할 수 있는 대안이 있는 것입니다.

전도자가 제시하는 대안은 하루라도 젊었을 때 창조자를 기억하는 것입니다. 창조자를 기억하고 그분을 경외하는 것이 피조물인 사람의 본분입니다. 여기서 우리가 꼭 기억해야 할 것은 이후에 인생의 모든 행위와 모든 은밀한 일에 대하여 하나님께서 심판하신다는 사실입니다.

보석찾기 ○●●

시간이 흐르면 모든 인생들이 노인이 됩니다. 그 노년의 시기에 나타나는 특징들을 전도서 12장 1-7절에서 찾아 적어 봅시다.

마음나누기 ○●●

전도서의 말씀 가운데 가장 기억하고 싶은 한 구절은 무엇입니까? 그 말씀이 당신에게 준 깨달음은 무엇인지 나누어 봅시다.

기도 ○●●

천지의 주재자 되시는 하나님, 진리이신 예수 그리스도를 알고 따르게 하여 주셔서 감사합니다. 이 땅의 모든 인생들이, 특별히 이 나라와 민족을 책임질 청년들이, 살아계신 창조자 하나님을 알고 믿고 따르게 하옵소서. 늘 하나님을 기억하며 그 뜻에 순종하는 인생으로 살게 하옵소서.

숲이야기 4

눈물과 하늘보석

욥기

나무 99

하늘에서 땅에서

욥 1-2장

찬양

찬송가 – 441장 · 비바람이 칠 때와
찬　양 – 하나님은 너를 만드신 분

기도

이 시간, 말씀을 통독하는 가운데 하나님의 마음과 뜻을 깨달아 알 수 있도록 지혜를 주옵소서.

마음열기

이제까지 살아오면서 당신이 가장 큰 어려움과 위기에 처했을 때는 언제였습니까? 어떤 어려움이 있었습니까?

함께읽기

함께 욥기 1장을 읽어봅시다.

친해지기

욥의 고난의 발단과 원인은 사탄의 시기, 그리고 욥을 성숙시키고자 하는 하나님의 연단에 있었습니다. 욥은 자신에게 닥쳐온 고난을 어떻게 받아들였습니까?

의인의 고난이 시작됩니다. 성경 전체의 숲에 면면히 흐르는 주제인 의인의 고난이 이제 욥의 경우를 통해 우리 눈앞의 문제로 대두되는 것입니다. 욥은 "온전하고 정직하여 하나님을 경외하며 악에서 떠난 자"[욥 1:1]라는 평가를 받던 사람입니다. 그는 자신뿐 아니라 자식들까지도 하나님 앞에 바로 세우고자 애쓰며 조금의 흠도 없이 모범적인 인생을 살고 있었습니다.[욥 1:5]

그런데 난데없이 그에게 큰 슬픔의 사건이 찾아옵니다. 모든 재산이 한순간에 날아가 버리고, 그의 자식들마저 한날한시에 모두 죽고 맙니다.[욥 1:13-19] 또한 사탄은 욥의 정수리에서 발바닥까지 악창(악성 종기)이 나게 합니다. 욥에게는 온통 고통이 배어나옵니다. 하나님과 욥의 신뢰 관계를 깨뜨려보려는 사탄의 내기가 벌어지고 있습니다. 과연 그의 인생에 있어서 가장 큰 위기인 이 사건을 어떻게 받아들여야 할까요?

이미 인내의 한계를 드러낸 그의 아내는 "당신이 그래도 자기의 온전함을 굳게 지키느냐 하나님을 욕하고 죽으라"[욥 2:9] 라고 말합니다. 그러나 욥은 하나님께 복을 받은 사람이 재앙을 받을 수도 있다고 하면서 자신의 비참한 현실을 그대로 받아들입니다.

"이르되 내가 모태에서 알몸으로 나왔사온즉 또한 알몸이 그리로 돌아가올지라 주신 이도 여호와시요 거두신 이도 (   )시오니 여호와의 이름이 (   )을 받으실지니이다 하고 이 모든 일에 욥이 범죄하지 아니하고 하나님을 향하여 (   )하지 아니하니라" 욥 1:21-22

진주조개가 모래알 하나를 감싸고 아픔을 참아내면, 결국 놀랍도록 아름다운 진주를 만들게 됩니다. 눈물과 아픔, 고난과 연단, 이것은 그 자체로 끝나지 않고 놀라운 결과를 만들어 냅니다. 인생들의 울음과 아픔에 하나님께서 함께하십니다. 우리는 아브라함을 시험하시면서 함께 마음 졸이셨던 하나님을 만난 적이 있습니다. 아브라함이 하나님의 시험을 통과하는 그 시점에서 "아브라함아, 아브라함아!" 급하게 부르시던 하나님을 기억합니다. 창 22:11

하나님께서는 언제나 당신의 뜻대로 살고자 애쓰며 눈물을 뿌리는 사람들과 동행해 오셨습니다. 욥 또한, 하나님과의 일대일의 깊은 만남 속에서 그의 고난 가운데 함께하시는 하나님의 마음을 깨달아 갑니다. 결국 욥은 논리를 넘어서는 하나님의 섭리에 관하여, 실존적 고난과 영원한 지혜에 관하여 고백하게 됩니다.

보석찾기 ○ ● ●

때때로 하나님께서는 더 큰 복을 준비하시며 시험을 베풀기도 하십니다. 아브라함에게 주셨던 시험창 22:1-2과 욥에게 주신 시험욥 1:13-19; 2:7-8은 각각 무엇이었는지 찾아 적어봅시다.

마음나누기 ○ ● ●

하나님께서 아브라함과 욥에게처럼 당신이 가진 모든 것을 다 걸게 하시면서 하나님을 향한 당신의 사랑을 확인하길 원하신다면 그에 대한 당신의 대답은 무엇입니까?

기도 ○ ● ●

약한 자를 강하게 하시는 하나님, 인생의 어느 시점에 찾아오는 고난과 시련에 부딪쳤을 때, 실망과 절망에 빠지지 않고 주님을 더욱 의지하여 담대히 이겨나가게 하옵소서.

나무 100

친구들과의 논쟁

욥 3-37장

찬양 **찬송가 –** 97장 · 위에 계신 나의 친구
찬　양 – 마음이 지쳐서 기도할 수 없고

기도 이 시간, 말씀을 통독하는 가운데 하나님의 마음과 뜻을 깨달아 알 수 있도록 지혜를 주옵소서.

마음열기 토론과 논쟁, 이런 것들은 인간사에서 상당히 유익합니다. 그러나 인간의 지혜로 꾸려가는 논쟁에는 분명 한계가 있다는 부분에 대해서 어떻게 생각하십니까?

함께읽기 함께 욥기 23장을 읽어봅시다.

친해지기 욥의 친구들인 엘리바스, 빌닷, 소발은 욥을 위로하기보다는 정죄하였습니다. 친구들과의 대화가 무익함을 깨달은 욥이 마지막으로 바란 것은 무엇입니까?

말씀의 숲길로 ○●●

첫 번째 논쟁 – 아파하는 영혼에게 / 욥 3–14장

욥의 친구들인 엘리바스, 빌닷, 소발이 욥을 찾아옵니다.욥 2:11 욥이 당한 환란의 소식을 듣고 찾아온 세 명의 친구들은 처음에는 욥의 처참한 상황을 보고 슬퍼합니다. 하지만 죄인은 분명 망하는 법이며 악을 심으면 악을 거두게 된다는, 지극히 흑백 논리적 사고에서 비롯된 엘리바스의 발언, "생각하여 보라 죄 없이 망한 자가 누구인가 정직한 자의 끊어짐이 어디 있는가 내가 보건대 악을 밭 갈고 독을 뿌리는 자는 그대로 거두나니 다 하나님의 입 기운에 멸망하고 그의 콧김에 사라지느니라"욥 4:7–9라는 말은 재 가운데서 홀로 절규하는 욥에게 위로는커녕 고통을 가중시킬 뿐입니다.

욥기 8장에서는 빌닷이 나서서 욥을 공박합니다. 욥이 지금 겪고 있는 이 고통은 역시 그의 죄 때문이라는 것입니다. 다른 친구 소발 역시 욥을 위로하기는커녕, 욥의 탄식까지도 불의하다고 냉정하게 정죄합니다.

"네 말에 의하면 내 도는 정결하고 나는 주께서 보시기에 깨끗하다 하는구나 하나님은 말씀을 내시며 너를 향하여 입을 여시고 지혜의 오묘함으로 네게 보이시기를 원하노니 이는 그의 지식이 광대하심이라 하나님께서 너로 하여금 너의 죄를 잊게 하여 주셨음을 알라"욥 11:4–6

질책에 가까운 친구들의 말을 들은 욥은 오히려 인생들의 헛된 지혜를 침묵하게 하시는 하나님의 지혜를 이야기합니다.[욥 12장] 자신을 정죄해 오는 친구들의 지혜를 멸하실 하나님의 지혜를 의지하고 있는 것입니다. 곤고함, 견딜 수 없는 고통과 몸부림 속에서도 욥이 버텨낼 수 있는 힘은 오직 하나님을 향한 믿음뿐이었습니다.

"지혜와 권능이 하나님께 있고 계략과 명철도 그에게 속하였나니 그가 헐으신즉 다시 세울 수 없고 사람을 가두신즉 놓아주지 못하느니라 그가 물을 막으신즉 곧 마르고 물을 보내신즉 곧 땅을 뒤집나니 능력과 지혜가 그에게 있고 속은 자와 속이는 자가 다 그에게 속하였으므로"[욥 12:13-16]

두 번째 논쟁 - 하나님을 향한 눈물 / 욥 15-21장

처음에 욥의 시련과 고난의 소식을 전해 듣고 욥을 찾아올 때만 해도 욥의 세 친구들은 위로자의 마음이었습니다. 그러나 변론이 진행되면서 그들은 정죄자, 비방자의 자세로 마음이 바뀝니다. 동정 어린 태도로 욥의 회개를 종용했던 첫 번째 변론과는 사뭇 다르게 두 번째 논쟁에서는 더욱 욥을 정죄하는 친구들의 모습을 보게 됩니다.

그러나 하나님께서 인생들, 특히 의인에게 고통을 안겨 주실 때는 꼭 그들의 죄악에 이유가 있는 것이 아닙니다. 하나님은 아브라함에게 더 큰 복을 주시기 위해 아들을 잡아 제사를 드리라는 명령을 하셨던 분입니다. 하나님의 이러한 측면을 친구들은 알지 못하고 있는 것입니다. 답답한 욥의 마음에는 아랑곳없이, 시간이 갈수록 욥을 향한 친구들의 말은 더 거칠어만 갑니다.

"하나님의 위로와 은밀하게 하시는 말씀이 네게 작은 것이냐 어찌하여 네 마음에 불만스러워하며 네 눈을 번뜩거리며 네 영이 하나님께 분노를 터뜨리며 네 입을 놀리느냐 사람이 어찌 깨끗하겠느냐 여인에게서 난 자가 어찌 의롭겠느냐 하나님은 거룩한 자들을 믿지 아니하시나니 하늘이라도 그가 보시기에 부정하거든 하물며 악을 저지르기를 물 마심같이 하는 가증하고 부패한 사람을 용납하시겠느냐" 욥 15:11-16

자신을 죄인으로 몰아세우는 친구들 앞에 욥은 자신을 불쌍히 여겨 달라고 애원합니다.

"나의 가까운 친구들이 나를 미워하며 내가 사랑하는 사람들이 돌이켜 나의 원수가 되었구나 … 나의 친구야 너희는 나를 불쌍히 여겨다오 나를 불쌍히 여겨다오 하나님의 손이 나를 치셨구나" 욥 19:19-21

사실, 친구들의 변론이 전혀 근거 없거나 틀린 말은 아니었습니다. 때로는 그들이 한 말들이 그 자체로 귀한 진리이기도 합니다. 하나님이 의로운 자를 구원하시고 불의한 자를 심판하시는 것은 성경 전체를 관통하는 하나의 주제이기 때문입니다. 그러나 하나님은 인생들의 논리로 다 설명할 수 없는 분이십니다. 비록 현실은 의인이 고난을 당하고 악인이 득세하는 부조리가 가득한 세상이라 하더라도 그것으로 하나님의 거룩하심과 공의로우심에 흠이 갈 수는 없습니다. 하나님의 때에 모든 선과 악이 다 명명백백하게 드러날 것이기 때문입니다.

세 번째 논쟁 - 단련의 풀무불 / 욥 22-28장

이제부터는 욥에 대한 친구들의 마지막 변론이 시작됩니다. 먼저 엘리바스는 욥을 온갖 악행을 일삼는 파렴치범으로 호도합니다.

"네 악이 크지 아니하냐 네 죄악이 끝이 없느니라 까닭 없이 형제를 볼모로 잡으며 헐벗은 자의 의복을 벗기며 목마른 자에게 물을 마시게 하지 아니하며 주린 자에게 음식을 주지 아니하였구나 권세 있는 자는 토지를 얻고 존귀한 자는 거기에서 사는구나 너는 과부를 빈손으로 돌려보내며 고아의 팔을 꺾는구나 그러므로 올무들이 너를 둘러 있고 두려움이 갑자기 너를 엄습하며 어둠이 너로 하여금 보지 못하게 하고 홍수가 너를 덮느니라" 욥 22:5-11

"온전하고 정직하여 하나님을 경외하며 악에서 떠난 자", 욥 1:1 이것이 욥에 대한 하나님의 평가였습니다. 사람들로부터도 그의 행동은 칭송을 받기에 합당했습니다. 그런데 엘리바스는 '욥이 죄를 지었기 때문에 벌을 받은 것'이라는 주장을 끝까지 관철시키기 위해 자신이 직접 보지도 않았고, 욥이 실제 범하지도 않은 죄악들과 범행들을 추측하며 억지를 부리고 있는 것입니다.

욥은 이런 엘리바스의 변론을 더 이상 문제 삼지 않습니다. 친구들과 나눈 그동안의 대화를 통해, 자기들끼리의 논쟁이 무익하다는 사실을 절실히 깨달았기 때문입니다. 이제 욥은 하나님께서 자신의 모든 사정을 헤아려 주실 것을 바라며 하나님과 대면하기를 갈망합니다. 이런 상황 속에서 욥은 그가 당하는 고난이 하나님의 뜻이라는 사실을 보게 됩니다. 이 고난이 결코 무의미하지 않으며 자신을 단련하시고 순금으로 만들고자 하시는 분명한 목적이 하나님께 있음을 깨달은 것입니다.

> "그런데 내가 앞으로 가도 그가 아니 계시고 뒤로 가도 보이지 아니하며 그가 왼쪽에서 일하시나 내가 만날 수 없고 그가 (   )으로 돌이키시나 뵈올 수 없구나 그러나 내가 가는 길을 그가 아시나니 그가 나를 (   ) 하신 후에는 내가 (   ) 같이 되어 나오리라"(욥 23:8-10)

욥의 마지막 변론 / 욥 29-31장

하나님께 부르짖으며 하나님의 도움을 구하나 그분이 응답하시지 않는 상황이 계속되자 욥은 이제 죽음을 예감하며 슬픔에 잠깁니다.

"내가 주께 부르짖으나 주께서 대답하지 아니하시오며 내가 섰사오나 주께서 나를 돌아보지 아니하시나이다 … 내가 아나이다 주께서 나를 죽게 하사 모든 생물을 위하여 정한 집으로 돌려보내시리이다."욥 30:20-23

그러나 이런 욥의 생각과는 달리 하나님은 욥이 당한 모든 고난을 지켜보고 계셨고, 그가 이 믿음의 시험을 잘 통과하기만을 기다리고 계십니다.

욥은 하나님을 향해 끝까지 자신의 정결함을 주장합니다.욥 31장 세 친구들과의 대화가 더 이상 진행될 수 없는 시점에서 욥은 전능하신 하나님의 판결을 듣고 싶어하는 것입니다. 욥은 "내가 언제 여인에게 유혹되어 이웃의 문을 엿보아 기다렸던가, 내가 언제 남종이나 여종의 사정을 멸시하였던가, 내가 언제 나만 혼자 내 떡덩이를 먹고 고아에게 그 조각을 먹이지 아니하였던가, 내가 언제 사람이 의복이 없이 죽어가는 것이나 가난한 자가 덮을 것이 없는 것을 못 본 체 했던가?" 등의 말로 자신의 무죄함을 하나님 앞에 토로합니다. 하지만 "내가 언제 그러하였던가?"라는 투로 이어지는 욥의 말들은 지금 자신이 당하고 있는 일이 부당하다는 뉘앙스를 은근히 풍기고 있습니다. 이와 같은 그의 말은 앞으로 있게 될 하나님의 질문공세욥 38장 이하에 욥이 아무런 변명을 할 수 없도록 만드는 요인이 됩니다.

엘리후의 연설 / 욥 32-37장

욥과 세 친구 사이에 진행되던 논쟁에 큰 전환이 일어납니다. 지금까지의 논쟁을 조용히 지켜보고 있던 엘리후가 더 이상 문제의 해결점이 보이지 않자 이 논쟁에 뛰어든 것입니다.[욥 32:4-5]

엘리후는 먼저 욥을 정죄하기에만 바빴던 탓에 사태의 실마리를 풀지 못했던 세 명의 친구들을 책망합니다. 그는 욥의 세 친구들처럼 욥을 정죄하거나 그가 당하는 고난이 죄의 결과라는 논리로 말하지 않습니다. 그러나 엘리후는 설사 욥이 특별히 큰 잘못을 저질러 고통을 받은 것이 아니라 하더라도 욥이 고통 가운데서 하나님의 공의를 부정하는 듯한 언행을 한 것은 잘못이라고 지적합니다.

엘리후는 이전의 세 친구들과는 좀 달랐습니다. 그들보다 학식도 있었고, 지혜의 깊이도 있었습니다. 하지만 엘리후 역시 욥에게 자신의 생각대로 지혜를 가르치려 하는 교만함을 보입니다.[욥 33:31-33] 엘리후는 고통 가운데 있는 인생들의 처절한 부르짖음이 헛되다고 말합니다. 그리고 하나님께서 그 부르짖음에 관심이 없으시며 영향도 받지 않을 것이라고 이야기합니다.[욥 35:6-8]

물론 우리가 하나님을 마음대로 움직일 수 있는 것은 결코 아닙니다. 그러나 엘리후가 한 가지 간과하고 있는 것은 하나님의 관심이 작고 구체적인 인생사들에 있다는 사실입니다. 많은 사람들이 엘리후처럼 신앙의 고상함에 붙들려 하나님을 저 높은 하늘에만 계신 하나님으로 제한하며 가둬버립니다. 인간의 고난과 눈물에 함께하시는 하나님, 인간들의 어리석은 잘못과 죄악을 보시며 가슴 아파하시는 하나님, 그리고 인간의 선하고 아름다운 일들에 동역하시는 하나님이시라는 사실을 잊고 사는 것입니다.

욥기에는 하나님에 대한 인간의 갖가지 생각들이 모두 들어 있습니다. 욥, 엘리바스, 소발, 빌닷, 엘리후 등이 지신의 입술로 표현한 하나님은 각자의 삶의 자리에서 그린 하나님에 대한 그림이었습니다. 인간의 삶의 자리를 넘어선 하나님의 광대하심은 하나님에 대한 믿음으로밖에는 답할 수가 없습니다.

보석찾기 ○ ● ●

세 친구들의 말들 가운데서 그들의 논리의 한계를 찾아낼 수 있습니다. 엘리바스의 말(욥 4:7-9), 빌닷의 말(욥 8:2-6) , 소발의 말(욥 11:4-6)을 각각 읽고, 그들의 생각의 한계가 무엇인지 찾아 적어봅시다.

마음나누기 ○ ● ●

당신에게 너무나도 큰 위로를 주었던 친구 한 명을 소개해 봅시다.

기도 ○ ● ●

사랑과 자비가 풍성하신 하나님, 우리의 삶에 때때로 환난이 닥쳐오고, 또 우리를 도울 사람이 아무도 없을 때, 그때에도 오직 하나님만은 저의 위로자가 되시며 저의 피난처가 되어 주심을 믿습니다. 참 소망이신 하나님만 바라보게 하소서.

나무 101

바람이 갈라지는 길목

욥 38-42장

찬양

찬송가 – 85장 · 구주를 생각만 해도
찬　양 – 주 여호와는 광대하시도다

기도

이 시간, 말씀을 통독하는 가운데 하나님의 마음과 뜻을 깨달아 알 수 있도록 지혜를 주옵소서.

마음열기

당신은 바람이 나누어지는 길목을 생각해 본 적 있습니까? 아름다운 만물 속에서 창조주 하나님의 위대한 손길을 느껴 보았던 적이 있습니까?

함께읽기

함께 욥기 42장을 읽어봅시다.

친해지기

하나님의 대답을 간절히 기다렸던 욥이 드디어 하나님의 말씀을 들었습니다. 그런데 그후 욥의 입에서 나온 것은 하나님을 향한 회개의 기도였습니다. 그 기도를 찾아봅시다.

말씀의 숲길로 ○●●

도무지 해결의 기미도 보이지 않던 욥과 친구들의 논쟁에 드디어 하나님께서 개입하십니다. 이로써 모든 논쟁은 통쾌하게 끝이 납니다. 하나님을 향해 함부로 판단하고 말했던 욥과 그의 친구들은 위엄 있는 하나님의 말씀 앞에서 자기들의 입을 가릴 수밖에 없었습니다.

고통의 원인을 도저히 이해할 수 없었던 욥에게 하나님께서는 당신의 뜻대로 운행되는 자연의 섭리를 말씀하십니다. 우주의 큰 법칙[욥 38장]에서 부터 작은 별 지구의 가축과 동물들의 삶의 법칙[욥 39장]에 이르기까지 하나님의 입김이 작용하지 않는 대상은 하나도 없습니다. 거대한 우주의 교향악을 지휘하시는 지휘자 하나님, 오케스트라를 이루는 연주자로서의 자연, 그리고 인간의 존재가 명확해집니다. 그리고 하나님께서는 욥이 깨닫고 있는 지혜가 얼마나 제한적이며 편협한가를 말씀하십니다. 세상에는 인간의 지혜로 이해할 수 없는 신비의 영역, 하나님의 주권에 속한 일들이 많이 있음을 보여 주시는 것입니다.

크신 하나님의 주권을 바라보며 욥은 자신의 짧은 생각으로 표현했던 하나님의 넓음과 깊이와 높음에 아무런 대답도 할 수가 없어 자기의 입을 가릴 뿐입니다.[욥 40:4-5] 몇 마디의 말로 하나님에 대해 규정하고 하나님께서 하시는 일에 이렇다 저렇다 하는 것이 얼마나 어리석은 행동인지를 깨달은 것입니다.

"내가 말하겠사오니 주는 들으시고 내가 주께 묻겠사오니 주여 내게 알게 하옵소서 내가 주께 대하여 (   )로 듣기만 하였사오나 이제는 (   )으로 주를 뵈옵나이다 그러므로 내가 스스로 거두어들이고 티끌과 재 가운데에서 (   ) 하나이다" 욥 42:4-6

이렇게 욥과 하나님의 깊은 만남이 이루어지면서 욥기는 그 막을 내립니다.

인생의 근본을 뒤흔드는 고통으로 인해 괴로워하는 자에게 무슨 말로 위로를 해야 할 것인지, 재앙 속에서는 어떤 삶의 자세를 가져야 할 것인지, 그때 하나님께서는 무엇을 하시는지 등등 욥기 통독은 많은 것을 생각하게 해 주었습니다.

고난도 복입니다. 고난은 하나님의 손길 안에서 우리를 단련하고 하나님의 사람으로 자라나게 하기 때문입니다. 욥은 그가 당한 깊은 고난 끝에 하나님의 놀라운 복을 받습니다. 욥 42:10-17 그러나 하나님께서 욥에게 그 같은 상급을 주지 않으신다고 욥의 고난이 무의미하거나 저주일 수 있습니까? 결코 그럴 수 없습니다. 고난은 인간에게 쓸모없는 어떤 것이 아니라, 내 안에 보석을 만드는 과정입니다. 인간의 아픔과 함께 눈물 흘리시며 많은 것을 사랑으로 이해시켜 주시는 하나님, 그 안에서 우리의 인생은 하늘보석이 되어갑니다.

보석찾기

자연과 인간사에 있어 하나님의 주권을 인정할 수밖에 없게 만드는 증거들이 욥기 38-39장에 많이 등장합니다. 기억에 남는 세 가지만 찾아 적어봅시다.

마음나누기

당신은 인간의 눈물을 끌어안으시고 함께 우시며 우리 인생을 끝끝내 보석으로 만드시는 하나님을 만나 보았습니까?

기도

만물의 주재자이신 하나님, 연약한 질그릇에 불과한 유한한 인생을 불쌍히 여기시며 구원해주시니 감사합니다. 욥과 같이 제게 주어진 고난을 인내하는 가운데, 하나님의 크신 경륜을 깨달아 가게 하시고, 하나님의 마음을 헤아리는 성숙한 자녀로 날마다 새로워지게 하옵소서.

성경통독원

BibleTongdokWon

숲과나무 성경통독은

하나님의 마음을 따라

성경 66권 전체를 읽어가는 것입니다.

숲과나무 성경통독은

성경의 숲과 나무를 살펴

성경 66권 모두를 하나님의 말씀으로 받아들이는 것입니다.

숲과나무 성경통독은

세계 역사를 경영하시는 하나님의 손길을 확신하며

성경 역사의 흐름에 따라 체계적으로 성경의 숲을 보는 것입니다.

성경통독원은

올바른 성경통독 방법의 보급과 확산을 위해

이 시대 교회, 세계의 그리스도인들과 함께하고 있습니다.